NATIONAL GEOGRAPHIC

lonely planet

FÜR ELTERN VERBOTEN!

BERLIN

Der cool verrückte Reiseführer

Helen Greathead

INHALT

FÜR ELTERN VERBOTEN!

DIES IST KEIN NORMALER REISEFÜHRER.

Und er ist definitiv für Eltern verboten!

DIES IST DIE WAHRE GESCHICHTE über eine der **spannendsten** Hauptstädte der Welt – Berlin. In diesem Buch wirst du faszinierende Geschichten über gestohlene Pferde, **gewagte Fluggeräte**, skrupellose Diktatoren, Spitzel in der DDR, die Langen Kerls und **Graffiti** lesen.

Entdecke das **Rohrpostsystem**, den Führerbunker, hollywoodreife Filme, **Rosinenbomber** und Klamotten aus Algen. Dir werden auch scharfe **Würstchen** und **süße Pfannkuchen**, Karaokekünstler, **Buddy-Bären**, lachende Skelette, **Fußballfans**, Rekord-Athleten und **freche Waschbären** begegnen.

Dieses Buch zeigt dir ein **BERLIN**, von dem deine Eltern wahrscheinlich noch nie gehört haben!

DIE MAUER MUSS WEG!

Bei Berlin denken die meisten Leute als Erstes an die Mauer. 28 Jahre lang machte sie Westberlin zu einer Insel mitten in der DDR. Die Westberliner konnten Tagesbesuche im anderen Teil der Stadt machen, den Ostberlinern war das nicht vergönnt. Doch plötzlich änderte sich alles – in nur einer Nacht.

Der Fall der Mauer

Der 9. November 1989 begann wie ein ganz normaler Tag. Am Abend jedoch wurde im DDR-Fernsehen verkündet, dass die Grenzen zum Westen ab sofort offen waren! Die Nachricht verbreitete sich wie ein Lauffeuer. Bald schon waren die ersten Ostberliner auf den Straßen und marschierten auf die Grenzübergänge zu. Tausende liefen an den überraschten Grenzposten vorbei direkt nach Westberlin.

IN FEIERLAUNE

Als die Westberliner davon hörten, strömten auch sie auf die Straßen, und es begann die größte Party aller Zeiten. Man lag sich in den Armen, lachte, weinte, jubelte und tanzte und kletterte auf die Mauer. Tagelang ging das so, und in all dem Lärm hörte man ein beständiges Klopfen: „Mauerspechte“ aus beiden Teilen der Stadt hackten mit Hämmern, Meißeln und was sie sonst noch so fanden auf den Betonwall ein.

Geschichte hautnah erlebt

Am nächsten Tag hatte eine Schülergruppe aus dem Westen die Geschichtsstunde ihres Lebens. Ihre Lehrer unternahmen mit ihnen einen Ausflug zum nächsten Grenzübergang. Dort verteilten sie Blumen an Leute, die aus dem Osten herüberkamen.

Dahlie

Stück aus der Berliner Mauer

Souvenirstücke der Berliner Mauer sind nicht gerade selten. Manche behaupten, es gibt über 400 Millionen davon!

Mauerreste mit Graffiti

Die Mauer war 3,6 m hoch. ✯ Sie verlief über eine Strecke von 43 km mitten durch Berlin.

Über 5000 Menschen flüchteten in den Westen. ✯ 136 starben bei dem Versuch.

Die Teilung

Als 1945 der Zweite Weltkrieg beendet war, teilten die Sieger USA, Großbritannien, Frankreich und die Sowjetunion Deutschland und genauso die Hauptstadt Berlin in vier Zonen bzw. Sektoren. Während im Westen bald freie Wahlen stattfanden, duldete die Regierung im Osten keinen Widerspruch. Da immer mehr Leute den Osten verlassen wollten, ließen die Machthaber die Mauer bauen, um sie aufzuhalten.

Ostberlin, der ehemalige sowjetische Sektor, wurde zur Hauptstadt der DDR.

WAS NOCH?

Mehr über die Mauer ✯ http://neuneinhalb.wdr.de/lexikon/B/berliner_mauer.php5

EIN SCHLOSS MIT GESCHICHTE

Dies ist kein echtes Schloss, sondern eine Simulation, die ein Schloss zeigt, das im Jahr 2019 so aussehen könnte. 500 Jahre lang stand an gleicher Stelle das Berliner Stadtschloss, jetzt soll es wieder aufgebaut werden.

Aller Anfang ist schwer
Friedrich II. von Brandenburg (genannt Eisenzahn) legte 1443 den Grundstein für eine Burg. Wütende Bürger, die den Landesherrn nicht direkt vor der Tür haben wollten, setzten aus Protest die Baugrube unter Wasser.

1500
Räume, Säle und Kammern gab es im alten Schloss.

Was lange währt …
König Friedrich I. in Preußen begann 1699, die Burg in ein für einen König angemessenes Schloss umzubauen. Als 1706 ein Turm beinahe einstürzte, wurde der Hofbaumeister gefeuert. Drei Architekten und 144 Jahre später wurde das Bauwerk 1850 endlich fertiggestelltt.

Renovierung
Friedrichs Nachfolger Friedrich Wilhelm I. ließ Deckengemälde weiß übertünchen und machte aus einem Teil des Parks einen Exerzierplatz. Ein König nach dem anderen ließ das Schloss nach seinem Geschmack umbauen.

Ein Schloss für alle
Über 470 Jahre war das Stadtschloss Fürsten-, Königs- und kaiserliche Residenz. Es wurde Schauplatz historischer Ereignisse und großer Feste. Nachdem Kaiser Wilhelm II. 1918 abgedankt hatte, wurde vom Balkon des Schlosses aus die Republik ausgerufen.

Keine Kosten gescheut
Die Regierung der DDR lehnte das Schloss als Überbleibsel der Monarchie ab. Die Sprengung 1950 kostete sie viermal mehr als der Bau des Palasts der Republik, der es 1973 ersetzte.

Der Palast der Republik wurde 2008 abgerissen, weil darin 5000 Tonnen giftiges Asbest verbaut waren!

Der Palast beherbergte das Parlament der DDR, Lokale und Cafés, eine Bowlingbahn und eine Disco.

Bildhauer modellieren bereits neue Skulpturen für die Fassade. Sie benutzen als Vorlage alte Fotos vom Schloss.

Millionen gesucht
Die Pläne für den Wiederaufbau sehen den Nachbau der Kuppel, historische Fassaden an drei Seiten und eine moderne Fassade aus Glas und Beton auf der vierten Seite vor. Innen soll es ein moderner Bau mit Ausstellungs- flächen, Restaurants und einer Bibliothek werden. Fehlen nur noch 590 Millionen Euro, um die Pläne umzusetzen!

Mehr auf ☆ www.dw.de/der-wiederaufbau-des-berliner-stadtschlosses/g-16859599

Grimmige Märchen

Wilhelm und Jacob Grimm wurden 1840 vom preußischen König persönlich nach Berlin eingeladen. Viele Jahre zuvor hatten sie das Buch „Kinder- und Hausmärchen" geschrieben. Es hatte sich recht gut verkauft, aber niemand ahnte, dass es einmal der erfolgreichste deutsche Bestseller aller Zeiten werden sollte. Du kennst es sicher als „Grimms Märchen".

Brüder Grimm

Keine Märchenonkel
Eigentlich hatten die Brüder Grimm gar nicht die Absicht, für Kinder zu schreiben. Sie sammelten Volksmärchen, um die deutsche Sprache zu untersuchen. Die erste Ausgabe hatte keine Bilder und war voller Kommentare. Dann schrieb Wilhelm die Märchen so um, dass sie leichter zu lesen waren, und ein weiterer Bruder, Ludwig Emil, zeichnete ein paar hübsche Bilder, um die Geschichten lebendiger zu machen.

Zeichnendes Kind von Ludwig Emil Grimm

STARKER TOBAK

Das Buch enthielt eine Menge Märchen, die du wahrscheinlich kennst, wie „Rotkäppchen", „Schneewittchen" und „Rapunzel". Viele waren ganz schön grausam. In „Aschenputtel" zum Beispiel sind die fiesen Schwestern zwar äußerlich hübsch, aber innerlich hässlich und boshaft. Am Ende, als Aschenputtel den Prinzen heiratet, hacken die Tauben den bösen Schwestern zur Strafe die Augen aus!

Von A bis … F!
Wilhelm und Jacob gingen an die Humboldt-Universität, um zu lehren und ein deutsches Wörterbuch zu schreiben. Sie wollten es in etwa zehn Jahren fertigstellen, aber als 23 Jahre später beide gestorben waren, hatten sie erst den Buchstaben „F" erreicht. Diverse Wissenschaftler setzten die Arbeit fort, und 1961 wurde das Wörterbuch schließlich vollendet.

An heißen Tagen planschen Kinder im Märchenbrunnen im Volkspark Friedrichshain. Am Beckenrand stehen Plastiken von zehn Figuren aus den Märchen der Brüder Grimm.

Märchenbrunnen

Die Grimm-Sammlung
Das Grimm-Zentrum, die Bibliothek der Humboldt-Universität, bewahrt knapp 6000 Bücher auf, die von den Brüdern gesammelt oder geschrieben wurden. Es gibt dort sogar einen Bereich, wo Kinder lesen, spielen und malen können, während ihre Eltern in der Bibliothek sind.

Grabsteine von Jacob (1785–1863) und Wilhelm (1786–1859) Grimm

Unzertrennlich
Die Brüder, die den größten Teil ihres Lebens zusammen verbrachten, wurden auf einem Berliner Friedhof nebeneinander begraben.

SPITZEL UND SPIONE

Während der Zeit des Mauerbaus in Ostberlin zu leben, war kein Zuckerschlecken. Man brauchte Marken, um Butter zu kaufen. Fleisch und Gemüse waren noch schwerer zu bekommen, und es gab kein Klopapier! Wer es wagte, sich zu beschweren, konnte großen Ärger kriegen. Überall waren Spitzel.

Trau schau wem
Die Stasi war die Geheimpolizei der DDR. Ihre Aufgabe war es, Bürger zu überwachen, denen die Regierung nicht gefiel. Normale Leute wurden angehalten, Verdächtige zu denunzieren. Jeder konnte ein Spitzel sein: ein Nachbar, ein Lehrer – sogar ein Familienmitglied.

Ein Volk von Verdächtigen
Die Stasi schreckte vor nichts zurück, um an die gewünschten Informationen zu kommen. 2000 Mitarbeiter wurden angestellt, um private Briefe zu öffnen und Telefongespräche abzuhören. Stasi-Offiziere schlichen sich in die Häuser, wenn die Bewohner unterwegs waren, und installierten Wanzen. Zuerst machten sie Fotos, damit sie alles genauso hinterlassen konnten, wie sie es vorgefunden hatten.

Die Stasi erfand geniale Spionagegeräte. Winzige Kameras konnten in einem Schlips versteckt sein …

oder hinter einem Mantelknopf …

Sie sammelte sogar Schweißproben von verdächtigen Personen!

Spürhund

Stinkekissen
Bei der Stasi gab es Stühle mit manipulierten Polstern, in denen „Schweißtücher" versteckt waren. Der Verdächtige musste mindestens zehn Minuten auf dem Stuhl sitzen, um eine brauchbare Probe abzugeben. Die diente dazu, im Falle eines Fluchtversuchs Spürhunde auf den Betroffenen anzusetzen.

HA, HA – SO ERKENNEN DIE MICH NIE!

Tarnung Nr. 1 — Tarnung Nr. 2

Siehst du die Ähnlichkeit?

Wappen der DDR

Schräge Outfits

Nach dem Fall der Mauer wurde das Hauptquartier der Stasi der Öffentlichkeit zugänglich gemacht, und ihre Geheimnisse wurden enthüllt. Neben Regalreihen voller Akten fand man Perücken, falsche Nasen, Bärte und sogar Fotos von Stasi-Offizieren in ziemlich fragwürdiger Verkleidung.

Ein 15-jähriges Mädchen wurde der Schule verwiesen, weil es der Regierung einen Brief geschrieben hatte, in dem es um bessere Beziehungen zum Westen bat.

Die Stasi bespitzelte auch Westberliner. Die Akte eines Betroffenen enthielt einen Grundriss seines Arbeitszimmers mit allen Möbeln und eine Karte vom Schulweg seiner Tochter.

Eine Tonaufnahme von zwei Stasi-Offizieren, die einen Raum verwanzen, belegt, dass sogar die Spitzel bespitzelt wurden!

Stasi-Statistik:
Die Stasi hinterließ 160 Regal-Kilometer Unterlagen über sechs Millionen DDR-Bürger. Bis Anfang der 2000er Jahre hatten über zwei Millionen Menschen beantragt, ihre persönlichen Akten einzusehen.

WAS NOCH?

Tarnungen ☆ www.reuters.com/news/pictures/slideshow?articleId=USRTR2PSE8#a=2

DIE RACHE DES PAPSTES

Der Fernsehturm in Ostberlin strahlte DDR-Fernsehprogramme aus. Er wurde 1969 gebaut, und seine Architektur soll an eine Rakete erinnern. Die Kugel an der Spitze ist einem Sputnik, den russischen Satelliten, nachempfunden. Der Fernsehturm ist bis heute das höchste Gebäude in Berlin.

FINDE DIE RAKETE!

Eine Nadel oder ein Zahnstocher?
Die Berliner sind bekannt dafür, dass sie für fast alle Bauwerke in der Stadt einen Spitznamen haben. Von wegen Rakete, sie nennen den Fernsehturm die Nadel, den Zahnstocher oder den Telespargel. Und es gibt noch eine andere Bezeichnung mit einer tollen Geschichte dahinter …

Göttliche Strahlen
Der Fernsehturm sollte den Westberlinern zeigen, zu welchen technischen Leistungen der Osten imstande war, aber eines hatte man so nicht geplant. Die DDR-Regierung lehnte Religion und Kirche ab. Bei Sonnenschein zeigt sich jedoch auf der Oberfläche der Kugel ein Kreuz aus Licht. Es dauerte nicht lang, und die Westberliner tauften den Turm wegen dieses weithin sichtbaren christlichen Symbols die „Rache des Papstes".

Der Spargel schwankt
Im Turm gibt es ein Drehrestaurant auf 207 Meter Höhe. Es dreht sich fast unmerklich, sodass man eine grandiose 360-Grad-Aussicht auf die ganze Stadt hat. Aber Achtung, der Turm schwankt: der Restaurantbereich um bis zu 15 Zentimeter, die Antennenspitze sogar um bis zu 60 Zentimeter!

Über 60 TV- und Radiokanäle laufen über die Antenne.

Mit dem Lift geht's in 40 Sekunden nach oben – ... die 986 Stufen hinauf dauert es etwas länger!

Der Fernsehturm ist 44 m höher als der Eiffelturm in Paris.

DER TURM IN ZAHLEN:

Höhe bis zur Spitze des Turms
368 m

Durchmesser der Kugel
32 m

Höhe der Antenne
118 m

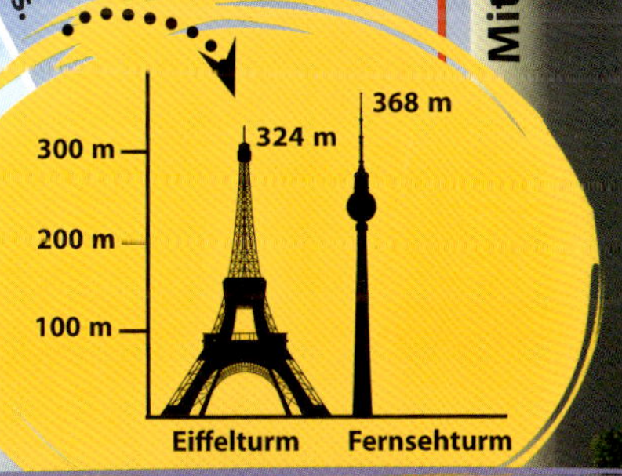

TARNKLEID

Die Kugel wechselt ab und zu die Farbe. Als Berlin 2006 Austragungsort der WM war, sah sie aus wie ein Fußball in Magenta und Silber.

WAS NOCH?

DIE LANGEN KERLS

Die „Langen Kerls“ waren keine Riesen aus dem Märchenland. So nannte die Bevölkerung ein Regiment von besonders großgewachsenen Soldaten, die der preußische König persönlich ausbildete.

Friedrich Wilhelm I.

Der Soldatenkönig

König Friedrich Wilhelm I. (1688–1740) baute eine starke Armee auf. Unter seiner Herrschaft sah man überall in Berlin Soldaten in ihren farbenfrohen Uniformen auf- und abmarschieren. Friedrich war hart mit seinen Männern. Wer nicht flott genug salutierte oder seine Uniform nicht in Ordnung hielt, bekam Hiebe. Nur das Königsregiment, die Langen Kerls, verwöhnte er regelrecht.

Eine Schwäche für Hünen

Die Langen Kerls erhielten mehr Sold als gewöhnliche Soldaten und wurden freundlicher behandelt. Der König suchte große Frauen für sie, in der Hoffnung, sie würden recht große Kinder kriegen. Er zeichnete Porträts von seinen Langen Kerls, und wenn es ihm schlecht ging, ließ er sie schon mal durch sein Schlafgemach paradieren!

Rette sich, wer kann!
Die Späher des preußischen Königs hielten ständig nach neuen Rekruten Ausschau – und dem König war es egal, wie oder wo sie welche fanden. Große Mönche oder Priester mussten sich genauso vorsehen wie wohlhabende Herren. Wollten andere Fürsten die Gunst des Soldatenkönigs gewinnen, schickten sie ihm einen Trupp großer Männer.

Mit über 2 m war der Ire James Kirkland einer der größten Soldaten im Regiment.

Sanfte Riesen
Man könnte glauben, die Langen Kerls wären besonders gute Kämpfer gewesen, aber der König wollte nicht, dass sie verletzt oder getötet wurden. Das Regiment sollte vor allem gut aussehen.

Der schmächtige Fritz
Nach dem Tod Friedrich Wilhelms I. wurde sein Sohn Fritz, der eher zart gebaut war, als Friedrich II. gekrönt. Vater und Sohn hatten sich nie gemocht, und Friedrich II. löste die preußische Riesengarde bald auf.

Statue von Friedrich Wilhelm I.

LANGER KERL KONNTE WERDEN, WER ...
- über sechs Fuß (1,88 m) groß war
- männlich war
- in Preußen lebte ... oder auch irgendwo anders

WAS NOCH? Im 18. Jh. war Berlin die Hauptstadt von Preußen. Friedrich Wilhelm I. regierte 36 Jahre.

GEGEN DEN STROM

Käthe Kollwitz wurde 1867 geboren und malte und zeichnete, seit sie einen Stift halten konnte. Ihr Vater ermutigte sie und förderte ihr Talent auf eine für die damalige Zeit recht ungewöhnliche Art: Als Käthe heiraten wollte, schickte er sie auf die Kunstschule.

Käthe heiratete *und* verfolgte ihre Karriere. Sie wurde eine sehr bekannte deutsche Künstlerin.

Zutritt für Frauen verboten
Ein Kunstkritiker war empört, als er Werke von Käthe Kollwitz in einer Berliner Kunstausstellung sah. Frauen durften damals nicht dieselben Kunstschulen besuchen wie Männer. Aber das hielt Käthe nicht auf. 1919 wurde sie Mitglied der Preußischen Akademie der Künste.

REICHLICH ÄRGER

Käthe Kollwitz nahm kein Blatt vor den Mund, wenn sie Unrecht sah, und geriet dadurch oft in Schwierigkeiten. Der Kaiser bezeichnete ihre Arbeiten als „Rinnsteinkunst“ und verhinderte, dass ihr eine Medaille verliehen wurde. Später kritisierte sie die Nazis und kam dafür beinahe ins Konzentrationslager.

Schicksalsschläge

Käthe Kollwitz' künstlerisches Werk ist größtenteils schwarz-weiß. Das passt zu ihren Themen – Armut, Tod, Krieg und Trauer. Sie hatte guten Grund, traurig zu sein. Sie erlebte zwei Weltkriege und hatte persönlich den Verlust eines kleinen Bruders, eines Sohnes und eines Enkels zu beklagen.

Käthe Kollwitz in den 1930er Jahren

Hand und Kopf

Beim Zeichnen verwendete Käthe Kollwitz alle Mühe auf Gesichter und Hände der Figuren. Die Körper stecken oft in alles verdeckender Kleidung.

Käthe Kollwitz wagte es, in ihrer Arbeit die harten Lebensbedingungen von Berliner Arbeiterfamilien zu zeigen. **UNERHÖRT!**

Warum hast du so große Hände?

Ein Forscher vermutet, dass Käthe Kollwitz unter dem „Alice-im-Wunderland-Syndrom" litt. Manchmal hatte sie den Eindruck, dass die Gegenstände um sie herum ihre Größe veränderten. Vielleicht hat sie deshalb so große Hände und Gesichter gemalt?

Alice im Wunderland

Neue Wache

Unvergessen

In der Neuen Wache, Unter den Linden, steht die vergrößerte Skulptur „Mutter mit totem Sohn" von Käthe Kollwitz. Auch ein Museum ist ihrem Andenken gewidmet.

WAS NOCH?

Hier siehst du Werke der Künstlerin ✯ www.kaethe-kollwitz.de/werkschau.htm

DIE GEKLAUTEN PFERDE

König Friedrich Wilhelm II. fand, es sei an der Zeit, sich mit einem prächtigen Bauwerk zu verewigen, und ließ das 1791 fertiggestellte Brandenburger Tor errichten. 1794 wurde die Quadriga aufgesetzt, die die antike Friedensgöttin auf einem Vierspänner zeigt. Lange stand sie dort jedoch nicht …

Das Brandenburger Tor

Ab nach Paris

Bei seinem Einzug in Berlin 1806 marschierte Napoleon mit seinem Heer durch das Brandenburger Tor. Die Franzosen hatten die Stadt erobert, und die Bewohner mussten zusehen, wie die Soldaten ganze Wagenladungen Kunstwerke nach Frankreich verschickten, auch die Quadriga.

Wunderbare Königin Luise

König Friedrich Wilhelm III. und seine Minister waren aus der Stadt geflohen. Nur seine Frau, die tapfere Königin Luise, wagte es, sich Napoleon zu stellen. Am Ende nützte es nichts, aber die Berliner bewunderten sie für ihren Mut.

DAS WAR DIE BEUTE DER FRANZOSEN:

- ✓ Büsten
- ✓ Gemälde
- ✓ Bronzeplastiken
- ✓ über 7000 Medaillen und Münzen
- ✓ die Quadriga

Gebt uns unsere Statue wieder!
Während die Quadriga abtransportiert wurde, machten die Franzosen es sich in Berlin gemütlich. Daheim in Paris gab Napoleon den Bau eines Triumphbogens in Auftrag. Die Quadriga würde sich gut darauf machen. Allerdings dauerte es 30 Jahre, bis er fertig war! 1814 marschierten preußische Truppen in Paris ein und schnappten sich die Beute wieder. Sie fanden das gute Stück noch in Kisten verpackt!

Sowjetische Soldaten hissen die Rote Fahne auf dem Brandenburger Tor.

2011 kehrte Napoleon nach Berlin zurück – als Wachsfigur!

Mein Name ist … Viktoria!
Die Berliner waren hocherfreut, die Quadriga zurückzuhaben. Bevor sie wieder auf das Tor gehievt wurde, fügten sie ein Eisernes Kreuz und einen preußischen Adler hinzu – aus der Friedensgöttin war eine Siegesgöttin geworden. Nach dem Zweiten Weltkrieg musste die zerschossene Plastik restauriert werden. Dabei ließ die DDR-Regierung Kreuz und Adler entfernen. Nach der Wiedervereinigung wurden sie 1991 erneut eingesetzt.

Hell erstrahlt die Quadriga beim Festival of Lights.

WAS NOCH?
www.medienwerkstatt-online.de/lws_wissen/vorlagen/showcard.php?id=3980

OSTALGIE

Alle waren froh, als die Mauer fiel, aber manche Ostdeutsche fanden, dass nicht alles Gold war, was der Westen brachte. Mit „Ostalgie" wird die wehmütige Erinnerung an vertraute Dinge aus der DDR bezeichnet. Hier ist ein Überbleibsel, das jeder Berliner kennt …

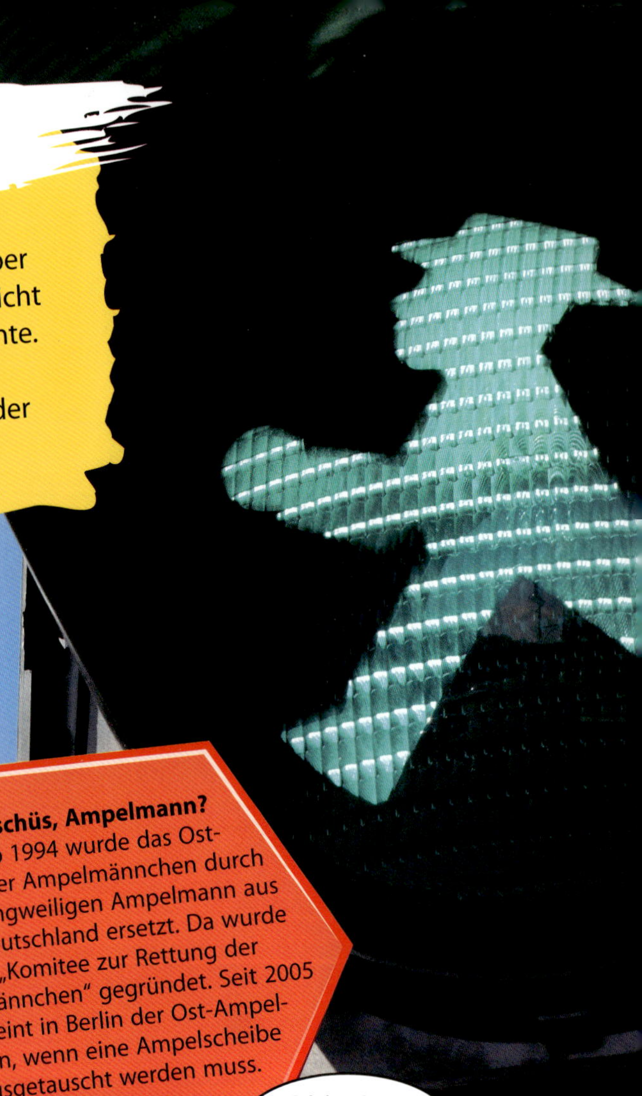

AMPELMANN

Als der Verkehr auf den Straßen der DDR-Hauptstadt immer mehr zunahm, schuf der Verkehrspsychologe Karl Peglau 1961 die Figur des Ampelmanns. Der nette Kerl sollte den Fußgängern, vor allem Kindern, deutlich zeigen, wann sie sicher über die Straße gehen konnten.

Tschüs, Ampelmann?
Ab 1994 wurde das Ostberliner Ampelmännchen durch den langweiligen Ampelmann aus Westdeutschland ersetzt. Da wurde das „Komitee zur Rettung der Ampelmännchen" gegründet. Seit 2005 erscheint in Berlin der Ost-Ampelmann, wenn eine Ampelscheibe ausgetauscht werden muss.

Den Ost-Ampelmann erkennt man am Hut und an seinem dynamischen Gang.

Schülerlotse
In Ostberlin beteiligte sich das Ampelmännchen an der Verkehrserziehung. Es spielte die Hauptrolle in Zeichentrickfilmen und in einem Kartenspiel. Richtiges Verhalten im Straßenverkehr wurde mit dem Ampelmännchen-abzeichen in Gold belohnt.

WELCHES WÜRDEST DU WÄHLEN?

Das?

Oder das?

Ost-Ampelmännchen

Euromännchen

Ampelmann siegt mit links
Versuche an einer deutschen Universität haben bewiesen, was Karl Peglau bereits vor 50 Jahren wusste: Kinder reagieren besser auf den Ost-Ampelmann als auf jedes andere Symbol, sogar, wenn die Farben vertauscht werden. Die Forscher empfahlen, den Ampelmann in ganz Europa einzuführen. Es gibt sogar Gerüchte, dass er demnächst in Hollywood auftauchen soll …

Das Ampelmännchen ist viel deutlicher zu erkennen als das Euromännchen, weil es doppelt so dick ist.

Ampelmania
Heute sieht man das Männchen nicht nur auf Ampeln. Man kann Becher, Flaschenöffner, T-Shirts, Badeschwämme und sogar Liegestühle mit dem Motiv kaufen … weil der Ampelmann seinen eigenen Shop hat.

WAS NOCH?

www.zeitklicks.de/ddr/zeitklicks/zeit/das-system/frag-doch-mal/was-ist-ostalgie

DIE PICKELHAUBE

Der Helm mit der markanten Spitze war über 70 Jahre lang die typische Kopfbedeckung des preußisch-deutschen Militärs.

EINES KÖNIGS WÜRDIG

Friedrich Wilhelm IV. führte 1842 die Pickelhaube bei der preußischen Armee ein. Möglicherweise hatte er die Mode von den Russen abgeschaut. Aber die Soldaten beschwerten sich, dass er zu hoch war und ständig herunterfiel. Man verkleinerte ihn und änderte die Form wieder und wieder …

Friedrich Wilhelm IV. führt seinen neuen Helm in Berlin spazieren.

Kaiser Wilhelm II., um 1916

Eine Mütze für den Helm? 1892 sah das Militär ein, dass der glänzende Helm mit Spitze im Gefecht nicht besonders gut geeignet war. Aber statt eines unauffälligeren Modells entwarf man einen Überzug, um die blanke Haube zu tarnen!

Wir wollen diesen Hut!
1871 besiegte Preußen die Franzosen, das deutsche Kaiserreich wurde ausgerufen. Ein fünfstündiger Triumphzug führte durch Berlin, und das Ausland blickte auf Deutschland. Alle Welt fand Gefallen an der schneidigen Kopfbedeckung. Plötzlich trug man in Großbritannien, den USA und sogar in Chile Pickelhaube.

Am besten trug man die Pickelhaube mit einem Schnurrbart – je größer, desto besser!

Kork

Als 1916 der Stahlhelm eingeführt wurde, sank die Zahl der Kopfverletzungen um 70 Prozent!

Der König von Preußen in Berlin, 1848

DIE OPTIK ZÄHLT

1914 marschierten die Soldaten mit einer abnehmbaren Spitze auf ihren Helmen in den Ersten Weltkrieg. Wegen Versorgungsengpässen wurden die Hauben auch aus Filz, Blech, Stahl, Kork oder sogar Pappmaschee hergestellt! Sie alle waren leider ziemlich wirkungslos gegen die modernen Waffen – die Pickelhaube aus Leder allerdings auch.

WAS NOCH?

www.planet-wissen.de/politik_geschichte/preussen/geschichte_preussens/wissensfrage.jsp

WEIHNACHTEN IN BERLIN

Ende November öffnen die ersten von etwa 60 Weihnachtsmärkten. Auf dem Gendarmenmarkt warten dann glitzernde Lichter, Kunsthandwerk, Essensstände und sogar Engel auf Stelzen!

ENDE
NOVEMBER

Gendarmenmarkt, Berlin

Ein Wintermärchen
Am ersten Advent beginnt in Berlin die Märchensaison. In zwei kuscheligen Hütten im Monbijoupark bringt eine Theatergruppe die schönsten Märchen der Brüder Grimm auf die Bühne.

Engel auf Stelzen

Advent, Advent, ein Lichtlein brennt.

ERSTER ADVENT

1.
DEZEMBER

In einigen Stadtvierteln gibt es einen „Lebendigen Adventskalender". Vom 1. bis zum 24.12. finden an verschiedenen Orten weihnachtliche Aktionen wie Basteln, Singen oder Puppentheater statt.

LICHTERFEST

In die Weihnachtszeit fällt auch das jüdische Chanukka. Das Fest erinnert an die Wiedereinweihung des heiligen Tempels in Jerusalem. Auf einem achtarmigen Leuchter wird jeden Tag eine Kerze mehr angezündet, und es gibt die traditionellen Krapfen. Das Jüdische Museum richtet einen Chanukka-Markt aus.

6.
DEZEMBER

Der Legende nach warf der heilige Nikolaus von Myra Goldklumpen durch den Kamin eines bettelarmen Mannes – direkt in die zum Trocknen aufgestellten Schuhe?!

6. JANUAR

Berliner Naschkatzen
In Berlin wurde schon 1530 eine Art Weihnachtsmarkt abgehalten, auf dem reisende Kaufleute Honigkuchen und anderes Weihnachtsgebäck verkauften. Im 18. Jahrhundert dauerte der Markt noch bis zum 6. Januar.

Früchtebrot

Das letzte Türchen
In Berlin kann man sogar am Heiligabend eine Menge unternehmen. Es gibt Führungen durch den Tierpark. Wer will, kann ins Theater, ins Kino oder tanzen gehen …

24. DEZEMBER

Hast du auch schon mal ein Lebkuchenhäuschen gebaut? Es ist dem Hexenhaus aus Grimms Märchen „Hänsel und Gretel" nachempfunden.

Gemütlich daheim
… aber auch viele Berliner Familien feiern zu Hause, mit einem Weihnachtsbaum, leckerem Essen und großer Bescherung!

KLEINE ERFRISCHUNG

Am ersten Weihnachtstag wird in Berlin wie überall in Deutschland festlich gegessen. Zur Weihnachtsgans gibt's hier nicht nur Klöße und Rotkohl, sondern auch Grünkohl. Manche Berliner beginnen den Tag mit einem Bad in einem eiskalten See!

Weihnachtspyramide auf dem Charlottenburger Weihnachtsmarkt: Bevor Weihnachtsbäume in Mode kamen, hatte jede Familie so eine. Kerzen treiben ein Flügelrad an, sodass sich die Krippenszenen drehen.

WAS NOCH?

Berliner Weihnachtsmärkte ☆ www.weihnachteninberlin.de/weihnachtsmaerkte

AUF DIE PLÄTZE ...

Der erste Berlin-Marathon wurde 1974 mit nur 286 Läufern abgehalten. 1977 wurde der Weltrekord bei den Frauen gebrochen, und 1985 war die Teilnehmerzahl auf 10 000 angewachsen.

Rekordbrecher
Die Berliner Marathonstrecke hat kaum Steigungen und ist deshalb eine der schnellsten der Welt. Hier werden regelmäßig Rekorde gebrochen. Heute laufen über 40 000 Läufer aus mehr als 100 Ländern die 42-km-Strecke an einigen der berühmten Sehenswürdigkeiten der Stadt vorbei.

Logenplatz
Die ersten Läufe führten nur durch Westberlin. Einige Ostberliner versuchten, vom Fernsehturm aus einen Blick zu erhaschen. 1988 und 1989 wurde es auf dem Turm so voll, dass er gesperrt werden musste.

Der Äthiopier Haile Gebrselassie stellte 2006 einen neuen Weltrekord von zwei Stunden, fünf Minuten und 56 Sekunden auf.

Ein Hundeleben
Ein paar Ostdeutschen gelang die Teilnahme noch zu Mauerzeiten. Ein Mann schmuggelte sich in den Westen und meldete sich unter dem Namen seines Hundes an. Die Funktionäre wussten Bescheid, taten aber so, als bemerkten sie nichts.

Lauf der Emotionen

Der Marathon 1990 fand drei Tage vor der Wiedervereinigung statt. Zum ersten Mal liefen die Sportler durch das Brandenburger Tor – viele mit Tränen in den Augen. In jenem Jahr siegte bei den Frauen die Ostberlinerin Uta Pippig. Sie wurde von einer begeisterten Menge bejubelt.

Lauf durch das Brandenburger Tor

Uta Pippig

Auf acht Rädern

Am Tag vor dem Lauf findet ein Marathon für Inlineskater statt. Mit 7000 Teilnehmern ist es der größte in Europa. Die Skater müssen die Strecke in 2,5 Stunden bewältigen, aber die Schnellsten rauschen schon nach einer Stunde durchs Ziel.

In den 1980er Jahren platzierten die Organisatoren eine Trommelgruppe an der kritischen 35-km-Marke, um die Läufer anzufeuern. Heute spielen über 80 Bands entlang der gesamten Strecke!

Mini-Marathon

Für Schüler gibt es ein Mannschaftsrennen. Jedes Kind läuft 4,2 km, anschließend werden die Zeiten der zehn besten Läufer einer Schule addiert. Auf diese Weise „läuft" jedes Team über die gesamte Marathondistanz.

WAS NOCH?
Mehr über den Marathonlauf ☆ http://kiwithek.kidsweb.at/index.php/Marathon

MEHR ALS NUR EIN KAUFHAUS

In den frühen Morgenstunden des 25. Januar 2009 drangen drei maskierte Männer durch ein Fenster im ersten Stock in das Kaufhaus des Westens (KaDe We) ein, seilten sich mit einer Strickleiter ab und schlugen mehrere Juweliervitrinen ein.

Handschuhe

Strickleiter

Doppelgänger

Die Diebe raubten Schmuck und Uhren im Wert von Millionen und hinterließen nichts als die Strickleiter und einen Handschuh. DNA-Spuren am Handschuh führten zu zwei kriminellen Brüdern. Sie konnten jedoch nicht verurteilt werden, weil sie eineiige Zwillinge waren! Es war unmöglich, den Schuldigen klar zu überführen.

SCHLECHTE ZEITEN

In den über 100 Jahren seines Bestehens hat das KaDeWe einiges Unheil überstanden.

- ✓ In den 1930er Jahren zwangen die Nazis die jüdischen Besitzer, das Kaufhaus aufzugeben.
- ✓ 1943 stürzte ein US-Flieger in das Gebäude, das beinahe vollständig ausbrannte.
- ✓ In den 1980er Jahren verursachte eine Bombe in der Sportabteilung immensen Sachschaden.

Gute Zeiten

Natürlich sind hier auch lustige Geschichten passiert. Als 1989 die Mauer fiel, begaben sich viele Ostberliner direkt zum KaDeWe. Beim Anblick der Feinkostabteilung sollen einige in Ohnmacht gefallen sein.

Riesenansturm
Nachdem das Kaufhaus wegen des Brandes sieben Jahre geschlossen war, wurden 1950 die ersten zwei Etagen wiedereröffnet. Über 180 000 Berliner kamen an einem Tag – einige Angestellte flüchteten vor dem Gedränge auf die Regale!

Mega-Torte zum Jubiläum
Das Kaufhaus feierte 2007 seinen 100. Geburtstag mit einer 1300-Kilo-Torte. Sie wurde von 150 Konditoren gebacken und mit einem Marzipan-Modell vom Haus samt Personal dekoriert.

Geburtstagstorte

Das KaDeWe eröffnete 1907 mit Verkaufsetagen, einem Schönheitssalon und einem Café. Sogar Theater- und Fahrkarten gab es zu kaufen.

Die Feinkostabteilung bietet über 30 000 verschiedene Lebensmittel!

Rekordverdächtig
Das KaDeWe ist das zweitgrößte Kaufhaus in Europa. Die heutige Verkaufsfläche ist ungefähr so groß wie acht Fußballfelder.

60 000 m² Verkaufsfläche
380 000 Produkte
2000 Mitarbeiter
50 000 Kunden/Tag

WAS NOCH?

Mehr über das KaDeWe ☆ www.dw.de/das-kaufhaus-lebt-zumindest-das-kadewe/a-17272781

LEBEN IM HUFEISEN

Als Arbeiter in Berlin in den 1920er Jahren hättest du dich wahrscheinlich darum gerissen, in dieser Siedlung zu wohnen.

Qualvolle Enge
Überfüllte Wohnungen waren um 1900 ein ernsthaftes Problem. Riesige Wohnblocks waren gebaut worden, aber manchmal lebten bis zu 20 Personen in nur einem düsteren Zimmer.

Schlange stehen
Stadtplaner rechneten damals pro Person und Tag mit zehn Minuten Zeit auf der Toilette, also konnten sich 72 Leute ein Klo teilen!

Boomtown
1871 erreichte die Einwohnerzahl Berlins die Millionenmarke. 1914 waren es schon vier Millionen.

Gut und günstig
Ende des Ersten Weltkriegs war man sich einig, dass etwas gegen das Wohnungselend unternommen werden musste. Statt trister Mietskasernen sollte Berlin attraktive Siedlungen und bezahlbaren Wohnraum bekommen.

Farbige Fassaden

Bruno Taut war ein Bauhaus-Architekt, aber er war auch Maler. Mit seiner „verrückten“ Idee, Häuser mit Farben zu gestalten anstatt mit Bauschmuck, sorgte er für Wirbel.

Bunte Häuser

ZIMMER MIT KLO

Nach Tauts Plänen entstanden in nur sieben Jahren 10 000 Wohnungen in Berlin. Sie hatten Küchen, Balkone, Gärten, Gas, Strom und reichlich Fenster. Aber das Beste war: Sie hatten Badezimmer mit eigenen Toiletten!

Tauts Häuser waren auch innen farbenfroh.

Vom Flugzeug aus ist das Hufeisen gut zu erkennen.

KAUM GEALTERT

Die Hufeisensiedlung wurde zwischen 1925 und 1933 von Bruno Taut gebaut. Von jeder der 1000 Wohnungen blickt man ins Grüne. Die Wohnungen sind auch heute noch in gutem Zustand, und die Anlage steht inzwischen unter Denkmalschutz.

SCHÖNER WOHNEN

Die Bauhaus-Architekten und -Gestalter wollten Kunst, Architektur und Handwerk verbinden, um Gebrauchsgegenstände herzustellen, die schön und praktisch zugleich waren.

Stuhl im Bauhaus-Stil

Bauhaus-Tapete

WAS NOCH?

Sozialer Wohnungsbau ☆ www.dw.de/wohnen-wie-zu-bruno-tauts-zeiten/a-15793215

DOLLE DÖNER

Die Berliner geben gern damit an, dass der berühmte türkische Imbiss in ihrer Stadt erfunden wurde.

Wenn dir jemand erzählt, Döner sei ungesund (weil er zu viel Fett und Salz enthält), sag ihm, es ist schließlich auch viel Gemüse und Joghurt drin!

DER DÖNER-KÖNIG

Für Döner Kebab werden Fleischstücke an einem senkrechten Drehspieß gegrillt. Vom fertig gegarten Fleisch werden die äußeren, knusprigen Schichten in dünnen Streifen abgeschnitten und üblicherweise auf dem Teller, mit Reis oder Salat, serviert. Der Einwanderer Mehmet Aygün arbeitete in einem türkischen Imbiss in Berlin, als er einen Geistesblitz hatte: Er steckte das Fleisch mit Zwiebeln, Tomaten, Salat und Joghurtsoße in ein vorgewärmtes Fladenbrot. Das konnten die Berliner mitnehmen und im Gehen essen.

Döner in aller Welt

1971 wurde der neue Snack erfunden, heute kann man in vielen Großstädten rund um die Erde Döner Kebab mampfen. In China wird er sogar als deutsche Spezialität angepriesen.

2010 fand in Berlin die erste Döner-Fachmesse statt, mit Neuheiten wie dem Döner-Schneide-Roboter.

Türkisches Berlin

Türkische Gastarbeiter kamen ab den 1950er Jahren nach Berlin, und so viele von ihnen entschieden sich, zu bleiben, dass die Stadt heute über 200 000 türkischstämmige Bewohner hat. Der Stadtteil Kreuzberg wird schon mal Klein-Istanbul genannt. Da gibt es türkische Märkte, türkische Fußballvereine, und an warmen Sonntagen werden die Parks zu Grillwiesen.

VEGGIE-DÖNER

Ein Döner kann aus Hähnchen-, Rind- oder Kalbfleisch zubereitet werden – du bekommst sogar eine vegetarische Version mit Sojafleisch. Eine andere vegetarische Variante enthält zehn verschiedene Gemüse, Schafskäse und Bratkartoffeln – mjam!

WAS NOCH?

Über 1000 Dönerbuden gibt es in Berlin – mehr als in Istanbul.

MARLENE

Einer der berühmtesten weiblichen Filmstars der Welt wurde 1901 in Berlin geboren …

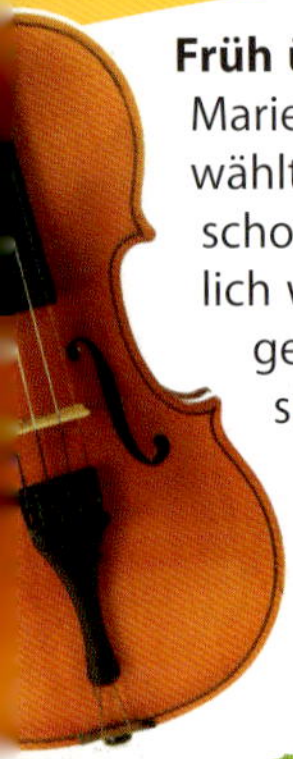

Früh übt sich

Marie Magdalena Dietrich wählte ihren Künstlernamen schon mit elf Jahren. Eigentlich wollte Marlene Konzertgeigerin werden. Weil sie Probleme mit dem Handgelenk bekam, begann sie stattdessen zu schauspielern.

Perfekte Besetzung

Anfangs spielte sie kleine Rollen in Stummfilmen, im Theater und in der berühmten Berliner Varieté-Szene. 1929 sah ein Regisseur sie bei einem Auftritt in einer Revue und engagierte sie für die Rolle der Lola Lola in seinem Film „Der Blaue Engel". Noch bevor der Film ein Welterfolg wurde, brach Marlene Dietrich in die USA auf. 1936 war sie einer der bestbezahlten weiblichen Filmstars in Hollywood.

„Der Blaue Engel" war der zweite deutsche Tonfilm. Jede Szene wurde zweimal gedreht: einmal auf Deutsch und einmal auf Englisch.

Nicht nach Nazideutschland!
Zu Beginn des Zweiten Weltkriegs versuchten die Nazis, Marlene mit einem lukrativen Angebot nach Berlin zurückzulocken. Als sie ablehnte, wurden ihre Filme in Deutschland verboten.

Eine von ihnen
Marlene wurde US-Staatsbürgerin und trat im Krieg vor den Truppen an der Front auf. Sie lebte wie sie, übernachtete in Bunkern, stand Schlange für Verpflegung und wusch sich im Schnee. Für ihr Engagement wurde Marlene in den USA, Belgien, Frankreich und Israel ausgezeichnet.

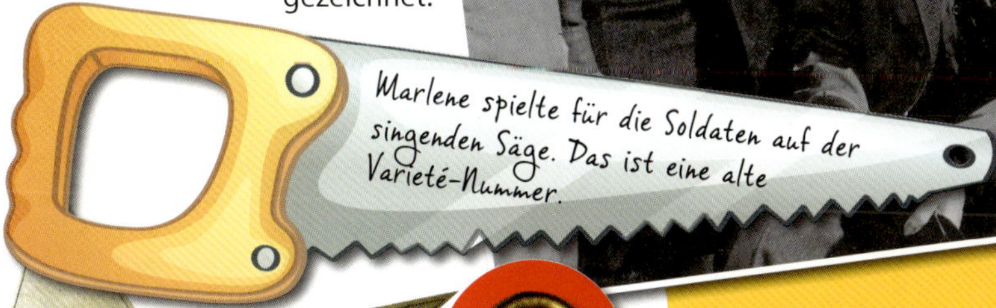

Marlenes Stern auf dem Berliner Walk of Fame

Bettruhe
Als ihre Filmkarriere vorbei war, reiste Marlene 20 Jahre lang als Sängerin durch die Welt. Mit Ende 70 zog sie sich zurück und verließ die letzten 12 Jahre ihres Lebens das Bett nicht mehr! Sie starb mit 90 Jahren und wurde in Berlin begraben.

ERINNERUNG AN MARLENE

Das Berliner Filmmuseum bewahrt auf:

70 Kostüme

150 Paar Handschuhe

400 Hüte

440 Paar Schuhe

300000 Briefe

15000 Fotos

WAS NOCH?

Bei diesem Stück wurde Marlene entdeckt ☆ www.youtube.com/watch?v=24lEsl5TtWk

EIN MEGA-MUSICAL

In der Kunstwelt war Berlin in den 1920er Jahren total angesagt. Schriftsteller, Maler, Bildhauer und Komponisten kamen von überall – und schufen beachtliche Werke. Ein Theaterstück mit Musik, das 1928 erstmals aufgeführt wurde, ist vielleicht das bekannteste Musical der Welt …

„Die Dreigroschenoper"
Den Stoff klaute Brecht von der 200 Jahre älteren „Beggar's Opera", einer „Oper für Bettler". Bei der Uraufführung herrschte eisiges Schweigen, bis ein peppiges Lied, der Kanonensong, das Publikum schließlich von den Sitzen riss. Bis 1933 gab es 130 weitere Inszenierungen, und das Stück war sogar verfilmt worden.

Bertolt Brecht

Szene aus der „Dreigroschenoper"

Der Theatermacher
Der Dichter und Bühnenautor Bertolt Brecht war ein spezieller Typ. Er kleidete sich bewusst wie ein Arbeiter und hatte ein paar frische Ideen für das Theater und wie man es nutzen könnte, um die Gesellschaft zu verändern. Diese Ideen beeinflussen das Theater bis heute.

Mackie Messer

Simon Cowell

Gassenhauer
Die Eröffnungsnummer, „Die Moritat von Mackie Messer", wurde erst in letzter Minute ergänzt, um der Hauptfigur einen eindrucksvollen Auftritt zu verschaffen. 30 Jahre später war der Song ein Nummer-Eins-Hit in den USA. Musikproduzent Simon Cowell hält ihn für den besten Song, der je geschrieben wurde.

Kurt Weill

Mal was Neues

Der Komponist Kurt Weill hatte eine Menge klassische Musik geschrieben, aber bei der „Dreigroschenoper" wollte er etwas Neues ausprobieren. Er schrieb eine Ouvertüre für neun Musiker, die 22 Instrumente spielten. Die Mackie-Messer-Moritat ließ er von einer Drehorgel begleiten.

Drehorgel

Brechts Theater, das Berliner Ensemble

Lotte Lenya

Die Show geht weiter

Als die Nazis an die Macht kamen, wurde die „Dreigroschenoper" verboten. Brecht und Weill verließen Berlin und versuchten ihr Glück in den USA. Weills Frau, Lotte Lenya, wurde durch die Verfilmung berühmt. Brechts Theater, das Berliner Ensemble, gibt es heute noch.

WAS NOCH?

„Die Moritat von Mackie Messer" ✯ www.youtube.com/watch?v=_QXJ3OXWaOY

Bärenbrücke an der Kirchstraße

BERLINER BÄREN

In Berlin begegnest du auf Schritt und Tritt Bären. Seitdem sie 1280 zum ersten Mal auf dem Stadtsiegel auftauchten, lungern sie überall herum – in Parks, auf Mauern, auf Sockeln und auf Trophäen. Es gibt sogar einen Eishockeyklub, die Eisbären Berlin.

Albrecht der Bär
Berlin verdankt sein Wappentier wohl Albrecht dem Bären (1100–1170). Der Fürst kam Mitte des 12. Jahrhunderts ins heutige Brandenburg, um das Land von den Slawen zurückzuerobern und eine eigene Herrschaft zu errichten.

Albrecht der Bär

Vorsicht vor dem Bär
Albrecht gab sich selbst den Titel „Markgraf von Brandenburg" und warb Bauern von nah und fern, sich in der Gegend anzusiedeln. Die neuen Siedler rodeten Wälder und bauten Häuser auf dem sumpfigen Land. Albrecht erlaubte den Slawen, die er besiegt hatte, zu bleiben, wenn sie den christlichen Glauben annahmen.

Früher meinte man, das „Ber" in Berlin stamme von dem Wort Bär. Inzwischen hat sich gezeigt, dass der Name der Stadt auf „brl", ein altes slawisches Wort für Sumpf, zurückgeht.

Das Wappen mit Bären tauchte 110 Jahre nach Albrechts Tod auf, es ist also unsicher, ob wirklich er die Stadt ins Bärenfieber gestürzt hat.

Bunte Buddy-Bären

2001 tauchten plötzlich bemalte Bären an verschiedenen Orten in Berlin auf. Mit 1,80 m waren sie mannshoch, jeder war ein Unikat. Die „Buddy Bears" wurden von internationalen Künstlern gestaltet und waren solch ein Erfolg, dass sie auf Reisen geschickt wurden! Von Sydney bis St. Petersburg touren Buddy-Bären um die Welt, um für Toleranz und Verständnis zu werben.

Jeder Buddy Bear ist einzigartig. Sie wurden von Künstlern aus aller Welt bemalt.

BUDDY-BÄREN IN ZAHLEN

- ✓ 250 Bären tauchten 2001 in Berlin auf.
- ✓ Auf 5 Kontinenten fanden 26 Ausstellungen statt.
- ✓ Über 2 Millionen Euro wurden für Kinder in Not gesammelt.
- ✓ Über 30 Millionen Menschen haben Buddy-Bären gesehen.

Beliebte Bären

Die Eisbären Berlin bringen regelmäßig die o2 World, ein Stadion mit 14 200 Sitzplätzen, zum Brodeln. Die Fans toben, selbst wenn die Eisbären nicht gewinnen.

Eisbären Berlin vs. SC Bern

Bärenpreise

Die Berlinale-Bären sind die Oscars bei den Internationalen Filmfestspielen Berlin. Die goldenen, silbernen und gläsernen Bären werden seit 1951 vom selben Berliner Familienunternehmen hergestellt.

Berlinale-Bären

WAS NOCH?

Alles über die Buddy-Bären ☆ www.buddy-baer.com/de/classic-buddy-bears.html

BERLIN IN TRÜMMERN

Als der Zweite Weltkrieg 1945 vorbei war, sah Berlin schrecklich aus. Die Häuser waren von Bomben und bei Straßenkämpfen zerstört oder beschädigt worden; überall lagen Trümmer. Weil kaum Männer da waren, blieb den Frauen nichts anderes übrig, als die Knochenarbeit auf sich zu nehmen und klar Schiff zu machen. Sie taten es gern, in Berlin und ganz Deutschland, denn es brachte ihnen Extrarationen für ihre hungrigen Familien ein.

Stein für Stein

Die Frauen schlugen den Mörtel von den Ziegeln ab, so konnten sie zum Bau neuer oder zum Ausbessern noch stehender Häuser wiederverwendet werden. Weil es kaum Werkzeug gab, arbeiteten sie oft mit bloßen Händen.

Hungrig und obdachlos

Etwa 600 000 Wohnungen waren zerstört worden. Obdachlosigkeit war ein drängendes Problem. Weit über eine Million Menschen hatten kein Zuhause mehr. Auch Lebensmittel waren knapp, und viele Kinder wurden in andere Gegenden Deutschlands verschickt, wo das Leben etwas weniger trostlos war.

Die Kinder, die in der Stadt blieben, spielten in den Trümmern.

Ein Drachen steigt am Teufelsberg auf, im Hintergrund die US-Radarstation.

Teufelsberg

Trümmerberge wuchsen bald überall im platten Berlin. Der Teufelsberg war einer davon. Noch immer steht dort die US-Radarstation, von der aus in den 1960er Jahren Ostberlin abgehört wurde. Unter allem liegen die Überreste einer von den Nazis geplanten Universitätsstadt.

Mosquito

Hermann Göring, Oberbefehlshaber der Luftwaffe, glaubte nicht an einen Angriff der britischen Royal Air Force.

BERLIN IM KRIEG: ZAHLEN & FAKTEN

- Zwischen 1940 und 1945 erlebte Berlin 363 Fliegerangriffe.
- Britische und US-Flieger flogen Tag und Nacht Bombenangriffe.
- Bei Kriegsende lebten in Berlin doppelt so viele Frauen wie Männer.
- Frauen zwischen 15 und 50 mussten sich zum Trümmerdienst melden.

Trümmerfrauen

An die Mühen der Trümmerfrauen wird in ganz Deutschland mit Denkmälern erinnert. 1987 erkannte die Regierung ihre Anstrengungen an, indem sie die Renten derer, die noch am Leben waren, ein wenig aufbesserte.

Über 1 Million Menschen hatten bei Kriegsende in Berlin kein Dach über dem Kopf.

WAS NOCH?

Die Aufräumarbeiten in Ostberlin waren auch nach 14 Jahren nicht abgeschlossen!

GRAFFITI-STADT

Berlin ist stolz darauf, die europäische Stadt mit den meisten Graffitis zu sein. Wenn du mit offenen Augen durch die Straßen läufst, entdeckst du überall spannende Streetart.

Zeichen der Zeit
Die Graffiti-Manie erfasste die Stadt in den 1980er Jahren. Auf der Berliner Mauer erschienen erst Namen, dann kurze Sätze und politische Botschaften. 1989 herrschte kunterbuntes Chaos – aber nur auf der West- seite. Als der Betonwall Lücken bekam, schlüpften die Künstler hindurch und bemalten auch die andere Seite.

Spielwiese für Sprayer
Nach der Wiedervereinigung gab es viele Lücken in der Bebauung, und die Stadt hatte nicht genug Geld, sie zu schließen. So fanden die Künstler neue Mauern, die sie besprühen konnten – mancher Hausbesitzer bezahlte sie sogar dafür. Graffiti wurde zur Streetart, und Künstler aus aller Welt kamen, um ihre Spuren zu hinterlassen.

Mobiler Künstler
Der italienische Künstler Blu packte Leitern, Wandfarbe, Farbroller und Ausziehstangen in seinen Wagen und fuhr nach Berlin. Er bemalte zwei große Hauswände an einer Brachfläche. Heute bewundern Touristen seine Wandmalerei.

Kunst oder Schmiererei?
Verdeckte Ermittler, in Kapuzenpullis und mit Spraydosen bewaffnet, versuchen, Sprayer auf frischer Tat zu ertappen. Der durch unerlaubte Graffiti verursachte Schaden wird auf über 30 Millionen Euro pro Jahr geschätzt, und die Beseitigung ist ebenfalls teuer. Die Polizei jagt jedoch nur Vandalisten, keine Künstler.

Der Berliner Straßenkünstler XOOOOOX lässt sich von alten Modemagazinen inspirieren. Hier entweicht seine Signatur dem Kopf eines Mädchens.

Der Kölner Künstler Thomas Baumgärtel alias Bananensprayer markiert Museen, die ihm gefallen, mit einer leuchtend gelben Banane!

Rettet die Mauer!
Die 1,3 km lange East Side Gallery ist das längste noch erhaltene Stück Mauer und mit 105 Werken von internationalen Künstlern wohl die größte Freiluftgalerie der Welt. Heute ist sie durch Stadtentwicklung, Witterungseinflüsse … und Graffitikünstler bedroht, die die Bilder verunzieren.

Künstler wie der Franzose Thierry Noir kämpfen für den Erhalt dieses Abschnitts der Mauer.

WAS NOCH?

Zur East Side Gallery kommen jedes Jahr 800 000 Besucher.

REPUBLIKFLUCHT

Am 13. August 1961 begann der Mauerbau. Die Berliner wachten auf und sahen ostdeutsche Soldaten Stacheldrahtsperren ausrollen und Straßen und Bürgersteige aufreißen. Sie verwendeten Gehwegplatten als Barriere, um die Stadt zu teilen.

Bevor die Mauer gebaut wurde, flüchteten täglich 5000 Ostdeutsche nach Westberlin.

Übers Wasser
Die Bethke-Brüder waren besonders fest entschlossen, in den Westen zu gelangen. 1975 paddelte Ingo Bethke auf einer Luftmatratze über die Elbe …

Durch die Luft
Acht Jahre nach Ingos Flucht half er seinem jüngeren Bruder Holger, an einer Seilrutsche aus einer Ostberliner Dachwohnung in eine Straße in Westberlin zu gleiten.

Die Russen kommen?
Kurz vor dem Mauerfall schraubten die Brüder zwei Leichtflugzeuge zusammen, bemalten sie mit russischen Kennzeichen und flogen in den Osten, um ihren jüngsten Bruder Egbert zu holen!

Nicht alle Fluchtversuche verliefen so reibungslos …

Gleiter Marke Eigenbau

Als schlechtes Wetter ihn zur Landung zwang, wurde der Pilot dieses Fluggeräts verhaftet.

Die Mauer teilte viele Familien. Eine Zeit lang war es sogar verboten, seinen Verwandten im Westen zuzuwinken!

Seitenwechsel
Anfangs war die Flucht leichter. Mauer-Anwohner seilten sich aus Wohnungsfenstern ab. Andere krochen durch die Kanalisation. Ein Lokführer chauffierte seine ganze Familie mit dem Zug in den Westen. Soldaten auf Patrouille sprangen über den Stacheldraht.

Der Soldat Conrad Schumann wurde weltberühmt, als er über die Stacheldrahtabsperrung sprang – einem vorbeigehenden Fotografen direkt vor die Linse.

KEIN AUSWEG?

Um die Menschen an der Flucht zu hindern, wurde die Mauer mit Flutlicht, Stolperdraht, Minen, Wachtürmen, Hunden und bewaffneten Wachposten aufgerüstet. Aber auch die Fluchtversuche wurden raffinierter!

Neun Personen flüchteten der Reihe nach in einem Versteck im Heck dieses winzigen Autos.

Kabinenroller

Eine Frau zwängte sich in zwei Koffer.

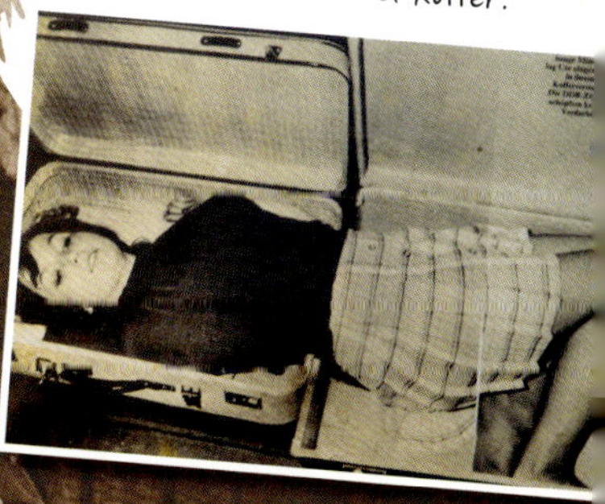

Es gab auch weniger spektakuläre Wege in den Westen:

1. Man wartete auf seinen 65. Geburtstag – danach konnte man ganz legal in den Westen ausreisen.
2. Man wurde ein politischer Häftling, dann verkaufte die Regierung einen vielleicht an den Westen. Ab 1963 kamen bis zu 1500 Gefangene im Jahr auf diese Weise hinaus.

WAS NOCH?

www.planet-wissen.de/natur_technik/luftfahrt/drachen/fluchtversuch.jsp

KARAOKE IM PARK

Der Mauerpark ist nicht der schönste Park in Berlin, aber man kann dort eine Menge Spaß haben. Es gibt einen großen Flohmarkt, und du siehst Leute beim Jonglieren, Yoga oder Basketball. Und fast jeden Sonntagnachmittag versammeln sich Hunderte zum Karaoke.

Die Leute klatschen, egal wie gut du singst, aber je besser die Show, die du abziehst, desto lauter ist der Jubel!

Showtalente
Die Menschenmenge, die sich im steinernen Amphitheater im Park versammelt, weiß nie, wer aus ihren Reihen sich ans Mikro wagt. Jeder, der schon mal davon geträumt hat, ein Popstar zu sein, kann sich beim Karaoke ausprobieren. Aber es schadet nicht, wenn man weiß, wie's geht.

DIE ULTIMATIVEN KARAOKETIPPS:

- ✓ Du brauchst KEINE tolle Singstimme zu haben.
- ✓ Du musst NICHT die richtige Tonlage treffen.
- ✓ Du MUSST dich präsentieren können wie ein Profi.
- ✓ Du MUSST den Text auswendig können (oder solltest ihn auf einem Zettel dabeihaben).
- ✓ Du MUSST das Publikum zum Klatschen, Mitsingen und Mittanzen bringen.

DER SINGENDE RADLER

2009 besorgte sich Joe Hatchiban ein Lastenrad. Er belud es mit Lautsprecher, Laptop, Mikro und einer Batterie und strampelte durch Berlin. Joe stellte sich an diversen Orten in der Stadt auf und überredete Passanten, zu singen. Im Mauerpark herrschte kein Mangel an Freiwilligen, so wurde dies sein Stammplatz. Bis zu 1500 Menschen schauen zu!

Joe macht vor, wie es geht.

Joe Hatchiban

Der Mauerstreifen wird grün

Mit dem Mauerpark wurde eine Fläche, auf der sich früher die Mauer und der „Todesstreifen" befanden, zum Volkspark. Besser hätten die Berliner dieses Gelände kaum nutzen können.

Grenzposten harkten den Kies im Todesstreifen, damit man Fußabdrücke von Flüchtigen sehen konnte!

HEXENTANZ

Auch in der Walpurgisnacht (30. April) wird im Mauerpark gefeiert. Früher zündeten die Leute viele kleine Lagerfeuer an, heute gibt es ein großes, organisiertes Fest.

Die Kinder verkleiden sich als Hexen oder Teufel.

WAS NOCH?

Karaoke im Mauerpark ☆ www.youtube.com/watch?v=3JFx3oTxRWc

DER TREUE KLEINE FREUND

Als die Mauer offen war und die Ostberliner zum ersten Mal nach Westberlin kamen, brachten sie einen tapferen Helden mit: ein kleines Auto namens Trabant.

Heiß begehrter Trabi
Vor 1989 wollte jeder in der DDR einen Trabant. Warum? Weil es das *einzige* Auto war, das es zu kaufen gab! Immerhin war es so einfach konstruiert, dass es leicht zu reparieren war. Beim Kauf gab es einen Werkzeugsatz dazu, damit man einen Schaden selbst beheben konnte.

Bitte warten!
DDR-Bürger, die einen Trabant haben wollten, trugen sich auf einer Liste ein. Danach hieß es warten, bis er geliefert wurde … etwa 12 bis 15 Jahre später!

TRABI-WARTEZEIT
12–15 JAHRE

WO HAB ICH GESTERN NUR GEPARKT?

Kleine Schönheitsfehler
Da Metall in der DDR knapp war, bestand die Außenhaut des Trabants aus gegossenem Duroplast, einem Kunststoff aus Harz und recycelten Baumwollfasern. Wenn es stark regnete, wurde das Dach weich! Mit seinem Zwei-Zylinder-Motor rumpelte das Auto in markerschütternden 21 Sekunden von 0 auf 100 km/h.

BÖSE TRABI-WITZE

Über den armen alten Trabi wurde gern gespottet:

Wann erreicht ein Trabi seine Höchstgeschwindigkeit?
Wenn er abgeschleppt wird!

Wie kann man den Wert eines Trabis verdoppeln?
Einmal volltanken!

Militär-Trabi

Ostberliner Polizei- und Militärfahrzeuge waren normale Trabis, nur anders lackiert.

Trabi-Stau

Stau Richtung Westen
Als die Mauer fiel, gab es an den Grenzübergängen lange Trabi-Staus. Im Westen angekommen, ließen viele Ostberliner ihre Wagen einfach stehen. Mit der Zeit aber wurde der Trabi zu einem Symbol der deutschen Einheit. Heute hat er Kultstatus. Nach 1989 wurden die Autos auch für recht ungewöhnliche Zwecke eingesetzt …

U2-Konzert

Stretch-Trabi

DIE TOP DREI DER TRABI-EINSÄTZE:

3 Als Kletterhindernis in einem Berliner Hochseilgarten

2 Umgebaut zur Stretchlimo oder zum Cabriolet; für besondere Anlässe

1 Als Beleuchtungskörper bei einer Konzerttour der irischen Rockband U2 1992/93. Ein Trabi wurde dabei sogar zur Discokugel!

Trabi-Statistik:
In 34 Jahren wurden weit über 3 Millionen Fahrzeuge produziert. 2013 waren nur noch etwas über 32 000 davon übrig.

WAS NOCH?

Ein Blick in einen Stretch-Trabi ☆ www.youtube.com/watch?v=aWCSPbbxrng

BERLIN-HOLLYWOOD

Fritz Langs „Metropolis" war der allererste Science-Fiction-Film und wurde mit bahnbrechenden Spezialeffekten gedreht. Als er 1927 in die Kinos kam, war er ein Riesenflop. Später erkannte man, was für ein Meisterwerk der Film war, doch da war die vollständige Fassung bereits verloren.

Eine staubige, alte Filmrolle
2008 staubte der Direktor eines Filmmuseums in Argentinien eine Filmrolle ab und entdeckte das Original von „Metropolis" – den kompletten, zweieinhalb Stunden langen Film. Zwei Jahre arbeiteten Experten aus Deutschland an der Restaurierung des Films, der dann bei der 60. Berlinale 2010 wieder gezeigt wurde. Diesmal fanden ihn *alle* toll!

MEGAFILM

Rund 36 000 Komparsen kamen in den 310 Drehtagen zum Einsatz. Mit Kosten von 5 Millionen Reichsmark (heute etwa 20 Millionen Euro) war es die bis dahin teuerste Produktion der deutschen Filmgeschichte.

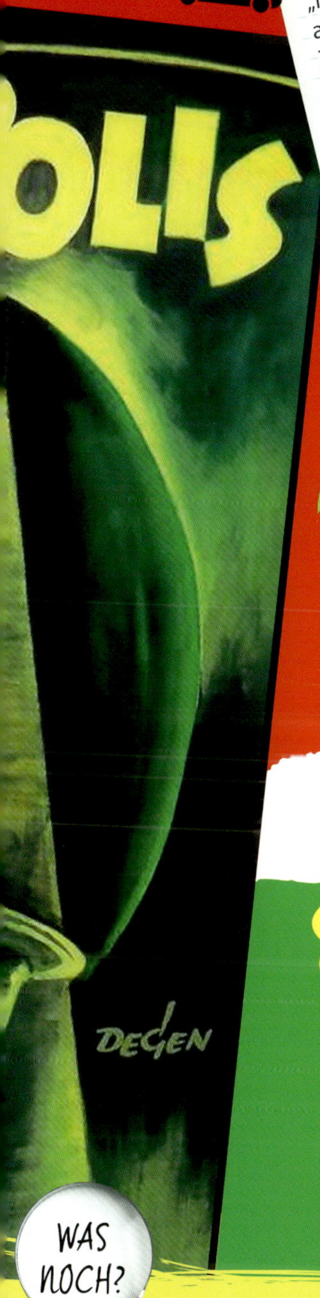

STARTSCHUSS FÜR SCIENCE-FICTION

„Metropolis" war ein Stummfilm, aber die Filmtricks waren ihrer Zeit weit voraus …

- ✓ Miniaturautos bewegten sich entlang unsichtbarer Kabel.
- ✓ Mit einem Spiegel wurden die Darsteller in winzige Kulissen projiziert.
- ✓ Wasser wurde durch enge Rohre in Modelle gepumpt, um eine Überflutung zu zeigen.

Sternstunde der Filmgeschichte

Regisseur Fritz Lang drehte später große Filme in Hollywood, aber „Metropolis" ist sein berühmtester. Der Film hat viele Künstler inspiriert, von George Lucas („Krieg der Sterne") bis zu Popstar Madonna.

Fritz Lang

100 Jahre Hits

„Metropolis" entstand im Filmstudio Babelsberg in Potsdam bei Berlin. 2012 feierte das Studio seinen 100. Geburtstag. Bis dahin waren dort mehr als 3000 Filme gedreht worden.

Der Kampf zwischen Mensch und Maschine steht im Mittelpunkt des Films. Er thematisiert aber auch die sozialen Konflikte in einer zweigeteilten Gesellschaft.

Im Film verwandelt sich dieser Roboter in eine bösartige Doppelgängerin der Heldin Maria.

WAS NOCH?

Ein „Metropolis"-Trailer ✯ www.kinolorber.com/metropolis/scenes

WILDE TIERE IN DER STADT

Abgesehen von Kaninchen und einigen Füchsen gibt es in Berlin kaum wilde Tiere. Seitdem die Mauer weg ist, versperrt jedoch nichts mehr den Weg aus der umliegenden Natur. Inzwischen statten zunehmend Wildschweine der Stadt einen Besuch ab, und noch ein anderes Wesen streift durch die Straßen …

Ein ungebetener Gast
Als sich ein frecher Waschbär in der Parkgarage eines Berliner Hotels einnistete, befürchtete die Hotelleitung, er könnte die Gäste verängstigen, und wollte ihn ausquartieren. Der Wildtierbeauftragte der Stadt wurde gerufen und untersuchte die ungewöhnliche Behausung. Er stellte fest, dass keinerlei Gefahr von dem Tier ausging, und es durfte bleiben.

Waschbär

Der Star im Parkhaus
Das Hotelpersonal gewann den kleinen Strolch lieb und taufte ihn Alex – nach dem Alexanderplatz, wo er nun lebt. Als die Presse davon erfuhr, war Alex sofort in den Schlagzeilen, und Berliner wie auch Touristen hielten Ausschau nach dem Tier. Häufig taucht Alex kurz auf, um bei einem Imbiss um die Ecke in den Abfällen nach einem Happen zu stöbern.

Glückstreffer für Waschbären
Waschbären wurden in den 1920er Jahren in Deutschland eingeführt. Auf Pelztierfarmen züchtete man sie wegen ihres Fells. Als im Zweiten Weltkrieg eine Bombe eine Pelztierfarm bei Berlin traf, konnten einige Waschbären in die Freiheit entkommen, wo sie sich vermehrten.

Mantel aus Waschbärfell

WASCHBÄREN FAKTEN & ZAHLEN

- ✓ In Berlin leben inzwischen mindestens 500 Waschbären-Familien.
- ✓ Der Berliner Wildtierbeauftragte erhält täglich 50 Meldungen zu gesichteten Waschbären.
- ✓ Es leben mehr Waschbären in deutschen Städten als auf dem Land.
- ✓ Ein Waschbär wanderte einmal fast 300 Kilometer durch Deutschland.
- ✓ Die Berliner sind es gewöhnt, dass Waschbären Mülltonnen und Komposthaufen durchwühlen.
- ✓ Großes Aufsehen erregten zwei Berliner Waschbären, die in einen Berliner U-Bahn-Zug hineinhuschten!

KLEINER SAUBERMANN

Der Waschbär gehört zu den intelligentesten Tieren, die in Europa leben. Der Name kommt daher, dass er mit seinen glatten Pfoten seine Nahrung vor dem Verzehr abrubbelt, was so aussieht, als würde er sie waschen.

WAS NOCH?

Mehr Waschbär-Infos ☆ www.kinder-nachrichten.de/kina/page/detail.php/1666420

MEGA-PARTY

An Silvester steigt am Brandenburger Tor eine Riesenparty mit Livemusik, Lasershows und dem größten Feuerwerk des Jahres.

DIE PARTY:

- ✓ Mehr als eine halbe Million Gäste
- ✓ Eine 2km lange Partymeile
- ✓ Über 2000 Silvesterraketen

Böller gegen Böses

Böller gehören traditionell zur Vertreibung böser Geister und zur Verabschiedung des alten Jahres. Die alten Germanen glaubten, dass dunkle Schatten vor allem um Neujahr ihr Unwesen trieben. Sie entzündeten Feuer und machten jede Menge Lärm, um alles Böse fernzuhalten.

Papst Silvester und Kaiser Konstantin

Ein Wunder der Medizin

Der 31. Dezember ist der Gedenktag des heiligen Silvester. Der Legende nach waren der römische Kaiser Konstantin und Papst Silvester politische Gegner, doch dann erkrankte Konstantin an Lepra. Weil er unbedingt geheilt werden wollte, ließ er sich von Silvester taufen, und wurde tatsächlich wieder gesund. Danach half er, das Christentum zu verbreiten.

Brandenburger Tor

BLICK IN DIE ZUKUNFT

Früher glaubten die Menschen, man könne am letzten Tag des Jahres die Zukunft vorhersagen. Daraus entwickelte sich der Brauch des Bleigießens. In vielen Familien oder unter Freunden setzt man sich am Silvesterabend zusammen und orakelt anhand von Formen und Figuren, die entstehen, wenn geschmolzenes Blei in kaltem Wasser erstarrt, was das neue Jahr bringen mag. Weil Blei giftig ist, wird inzwischen auch Wachs verwendet.

Reichtum und Freunde

Dann geht es ans Deuten der entstandenen Form oder Figur. Eine Blume etwa steht für neue Freunde, ein Dreieck für unverhofften Geldsegen, und ein Baum bedeutet, dass ein Wunsch in Erfüllung geht.

Bleigießen 2.0

Für Bequeme gibt es eine Bleigieß-App inklusive Weissagung fürs Smartphone!

Alle Jahre wieder

Zum Silvester-Pflichtprogramm in jedem Haushalt gehört es, sich den englischen Sketch „Dinner for One" anzusehen, der in allen dritten Fernsehprogrammen ausgestrahlt wird. Viele Zuschauer können den Text sogar auswendig.

„Dinner for One" ist die am häufigsten wiederholte Sendung im deutschen Fernsehen.

Insider-Test

Sag mal zu jemandem: «Same procedure as last year, Miss Sophie?» Ganz sicher wirst du die Antwort «Same procedure as every year, James» bekommen.

WAS NOCH?

„Dinner for One" auf YouTube ☆ www.youtube.com/watch?v=LVCA1rp-gfg

VERHÜLLUNG

1971 schrieb der Historiker Michael Cullen dem Künstler Christo einen Brief und schlug ihm vor, ein leer stehendes Gebäude in ein Kunstobjekt zu verwandeln. Die Rede war vom Reichstag, dem alten Parlamentsbau.

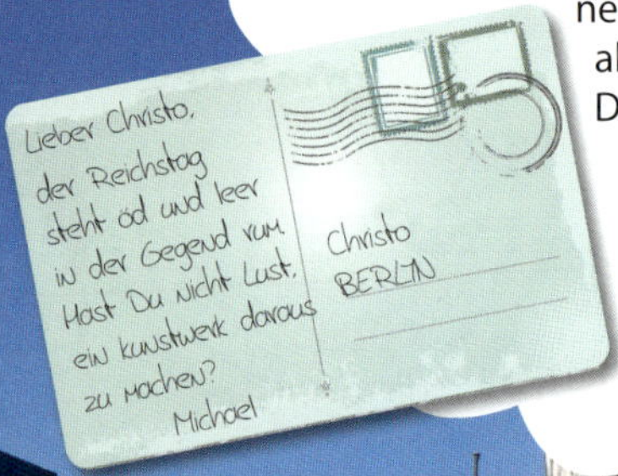

Plan mit Hindernissen
Christo und seine Frau Jeanne-Claude fanden die Idee toll, ein Gebäude in ei Kunstwerk zu verwandeln, damit begin nen konnten sie jedoch er als die Mauer gefallen wa Dann mussten sie noch d deutsche Regierung fü ihren Plan gewinnen, die schon bald wiede in das Gebäude einziehen wollte.

Christo und Jeanne-Claude

WIR MACHEN AUS DEM STEIN ETWAS LEBENDIGES.

ZEITPLAN
- ✓ 23 Jahre Planung und Beschaffung der Genehmigung
- ✓ 1 Jahr Vorbereitung des Materials.
- ✓ 2 Wochen Verhüllung

EINKAUFSLISTE

Material
- 100.000 m² Stoff
- 15,6 km blaues Seil
- 220 t Stahlträger und Kabel (zur Verankerung der Stoffbahnen)
- 70 maßgefertigte Stoffstücke (um besondere Gebäudeteile abzudecken)

Mitarbeiter
- 120 Monteure
- 90 professionelle Kletterer
- 600 Studenten, die den Besuchern das Projekt erläutern

Geschenkt
Die Regierung musste kein Geld dazugeben. Die Künstler versprachen, alles durch den Verkauf von Zeichnungen, Plänen und Collagen, die sie für die Aktion anfertigten, zu finanzieren. 1994 erhielten sie endlich grünes Licht.

Verpackungskünstler
Zwei Wochen lang war der Reichstag in riesige Stoffbahnen gehüllt, die ein bisschen wie Alufolie aussahen. Danach wurde das gesamte Material recycelt.

Ein voller Erfolg

Als die Verhüllungsaktion begann, kamen viele Schaulustige. Sie konnten sehen, wie der Stoff sich im Wind aufblähte und je nach Lichteinfall seine Farbe veränderte. Insgesamt kamen 5 Millionen Besucher. Die Regierung war begeistert und bat um Verlängerung der Aktion. Der Künstler aber sagte: «Nein!»

Wer mit einer Schere kam, konnte sich aus dem Restmaterial ein Stück Stoff als Souvenir herausschneiden.

Der 1894 fertiggestellte Reichstag brannte aus, wurde bombardiert, wieder aufgebaut und stand lange Jahre leer. Die Verhüllungsaktion war wie ein Neuanfang.

DURCHBLICK

1999 war noch jemand scharf darauf, Hand an den Reichstag zu legen. Der britische Architekt Sir Norman Foster setzte eine Hightech-Glaskuppel auf das Dach – mit tollem Blick für Besucher über die Stadt und hinunter ins Parlament.

WAS NOCH?

Die Aktion ☆ www.christojeanneclaude.net/projects/wrapped-reichstag#.UjGug-Cf-dY

FÜHRER-BUNKER

Im April 1945 rückten 2,5 Millionen russische Soldaten immer weiter nach Berlin vor, und das Ende des Zweiten Weltkriegs nahte. Jungen, alte Männer und sogar Frauen wurden angewiesen, zu kämpfen. Hitler aber versteckte sich.

Buddeln für einen Bunker

Unter der Reichskanzlei ließ Hitler den sogenannten Führerbunker anlegen, einen Komplex von Luftschutzräumen, an dem noch bis Kriegsende gebaut wurde. Der von Hitler bewohnte Teil umfasste Schlaf- und Konferenzräume, Wohnzimmer und eine Küche. Es gab alles, was man zum Überleben brauchte, aber es war dunkel, eng und stickig. Über eine Funkverbindung nach draußen gab Hitler seine Befehle, die aber in den letzten Kriegstagen kaum noch jemand befolgte.

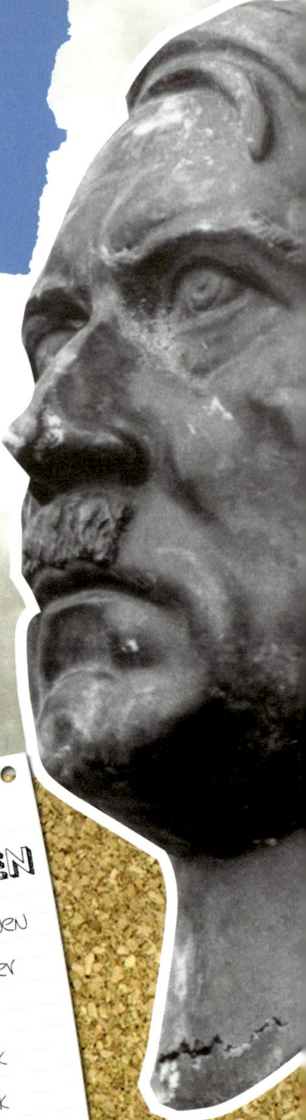

In Hitlers Arbeitszimmer hing ein Bild von Friedrich dem Großen. Häufig saß Hitler davor, als würde er mit dem toten König sprechen.

BUNKER FAKTEN & ZAHLEN

- ✓ 30 Räume auf zwei Ebenen
- ✓ 2 private Räume für Hitler
- ✓ 10 m unter der Erde
- ✓ Decken bis zu 5 m dick
- ✓ Außenwände 3,5 m dick
- ✓ Platz für bis zu 200 Kinder

Friedrich der Große

Hitler beim Zeitunglesen

Eva mit Hitlers Hund „Blondi"

KEIN GLÜCKLICHES PAAR

Am 20. April 1945 feierte Hitler seinen 56. Geburtstag, aber er ging früh zu Bett. Am 29. April schrieb er sein Testament und heiratete seine Lebensgefährtin Eva Braun, wieder wurde gefeiert. Am Tag danach, als die russischen Soldaten schon in der Nähe des Bunkers waren, beging das Paar Selbstmord.

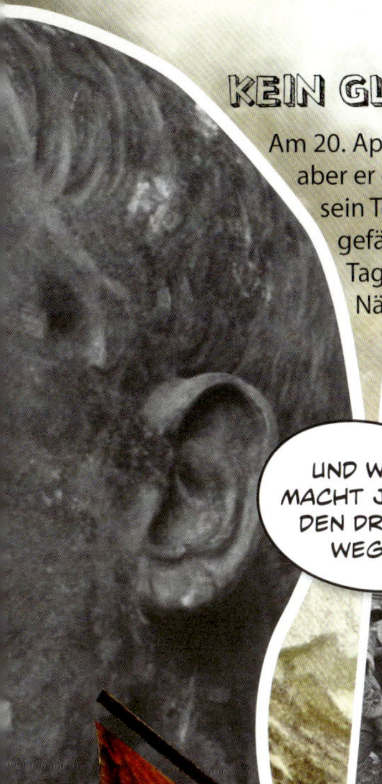

Soldaten der Siegermächte auf Hitlers Balkon

Kein Eintritt
Alliierte Soldaten besichtigten nach dem Krieg die Reichskanzlei, aber die Russen waren dagegen, dass jeder in den Bunker reinspazieren konnte, und wollten ihn zerstören.

Der Bunker ist heute mit einem Parkplatz überbaut. Nur eine Hinweistafel zeigt an, was darunterliegt.

WAS NOCH?

Bilder aus dem Bunker ☆ http://berliner-unterwelten.de/fuehrerbunker.328.0.html

ES GEHT UM DIE WURST

Liebling Wurst
Die Berliner sind leidenschaftliche Wurstesser, und ihre liebste Zwischenmahlzeit ist die Currywurst.

Currypulver

Nach dem Krieg herrschte Lebensmittelknappheit. Als Herta Heuwer von einem britischen Soldaten etwas Currypulver bekam, machte sie das Beste daraus. Sie würzte damit Tomatensoße und gab das Ganze über eine gebratene, in Scheiben geschnittene Brühwurst. Zum Schluss streute sie noch mehr Currypulver drüber und nannte ihre Kreation „Currywurst".

MIT ODER OHNE?

Die Schärfe einer Currywurst ist unterschiedlich; gegessen wird sie so:

- ✓ Mit Darm (mit Haut)
- ✓ Ohne Darm (ohne Haut)
- ✓ Mit einem Brötchen
- ✓ Mit Pommes

Ganz einfach!

Currywurst

In Gedenken
Herta Heuwer starb 1999, aber eine Gedenktafel erinnert an den Ort, wo sie ihre ersten Currywürste verkaufte.

Hier befand sich der Imbiss-Stand,
in dem am 4. September 1949

HERTA HEUWER

30. Juni 1913 in Königsberg – 3. Juli 1999 in Berlin

die pikante Chillup®-Sauce
für die inzwischen weltweit bekannte Currywurst erfand.

Ihre Idee ist Tradition und ewiger Genuss!

Es geht auch schlicht
Wer keinen Curry mag, kann auch eine einfache Bockwurst oder Bratwurst bekommen. Die isst man am besten heiß mit einem Brötchen, Pommes oder Kartoffelsalat. Mmh.

Bratwurst

Schneller Snack im Stehen
Imbisse gibt es in Berlin an jeder Ecke. Die wirklich guten erkennt man an langen Warteschlangen. Vor den Ständen gibt es Stehtische, damit man es beim Essen ein wenig bequem hat, bevor man wieder weiterdüst.

Ein mobiler Würstchenverkaufer brutzelt Bratwürste.

Bomber statt Bratwürste
Die Luftschiffe, die im Ersten Weltkrieg als Bomber eingesetzt wurden, hatten mehr mit einer Wurst gemeinsam als nur ihr Aussehen. Ihre mit Wasserstoff gefüllten Treibstoffzellen wurden mit Rinderdärmen abgedichtet (250 000 Stück pro Zeppelin). Eine Zeit lang konnten deshalb in Deutschland keine Würste produziert werden.

Zeppelin-Luftschiff

Wurstvielfalt
Die Lebensmittelabteilung im KaDeWe (Kaufhaus des Westens) hat über 1200 Wurstspezialitäten im Angebot. In den Auslagen liegt die Wurst hübsch nach Herkunftsregionen geordnet.

WAS NOCH?

REISE OHNE WIEDERKEHR

Bevor die Nazis 1933 an die Macht kamen, führten 160 000 Juden ein ganz normales Leben in Berlin. Die Nazis aber mochten sie überhaupt nicht und wollten sie loswerden. Am Ende des Zweiten Weltkriegs lebten nur noch ein paar Tausend Juden in der Stadt.

ABSURDE GESETZE

Die Nazis erließen Gesetze, die es Juden verboten:

- ✗ Süßigkeiten zu kaufen
- ✗ Radio zu hören
- ✗ U-Bahn zu fahren
- ✗ Haustiere zu halten

Ein Ausweg

Das Leben in Berlin wurde für Juden unerträglich, doch nur wenige konnten fliehen. In den 1930er Jahren weigerten sich die meisten Länder, Flüchtlinge aufzunehmen. Als sich die Möglichkeit bot, nur die Kinder wegzuschicken, zögerten jüdische Eltern nicht lange …

Manche Kinder verstanden nicht, was passierte, und freuten sich aufgeregt darauf, wegzufahren.

KINDERTRANSPORT

1938 erklärte sich die britische Regierung bereit, 10 000 jüdische Kinder im Alter von drei bis 17 Jahren aus Deutschland aufzunehmen. Schweren Herzens sagten die Eltern ihren Kindern Lebewohl und brachten sie, bepackt mit einem kleinen Koffer und ein wenig zu essen, zu den Zügen und den vielen anderen Kindern.

Grausame Grenzer

Die Züge waren versiegelt, doch an der deutschen Grenze wurden die Sachen der Kinder durchsucht. Wertgegenstände wurden ihnen abgenommen, und man teilte die Kinder in Altersgruppen, wodurch viele Geschwister getrennt wurden.

Als Flüchtlingskinder im Exil

Die meisten Kinder kamen in schmutziger und zerrissener Kleidung an und konnten kein Englisch. Manche wurden von Pflegefamilien aufgenommen, andere kamen in Heime, und wer 14 Jahre oder älter war, musste häufig arbeiten. Viele blieben nach dem Krieg in Großbritannien, einige gingen in andere Länder, aber ihre Eltern sahen nur die wenigsten wieder.

Kein Entkommen

Viel schlimmer traf es jedoch die Daheimgebliebenen. Die meisten Berliner Juden – Kinder und Erwachsene – wurden in Konzentrationslager deportiert, wo Tausende von ihnen starben.

Juden, die sich versteckten, wurden von den Nazis „U-Boote“ genannt: Sie wussten, dass sie irgendwo waren, aber sie konnten sie nicht sehen, wie bei U-Booten.

Hilfe in der Not

Nicht alle Berliner waren mit den Nazis einverstanden. Elisabeth Abegg war erschüttert, als ein jüdischer Freund deportiert wurde und wollte danach anderen Juden helfen. Sie öffnete ihre Wohnung für Fremde, kochte für sie und half ihnen, an gefälschte Dokumente zu kommen, damit sie fliehen konnten.

Mutige Frauen

Als 2000 jüdische Männer, die mit nichtjüdischen Frauen verheiratet waren, 1943 verhaftet wurden, protestierten 600 tapfere Frauen und Kinder vor dem Gefängnis dagegen. Die Nazis drohten, zu schießen, doch die Frauen wichen nicht zurück, und am Ende kamen ihre Männer frei.

Denkmal für die Frauen, die ihre Männer retteten

WAS NOCH? 1938 wurden in nur einer Nacht 12 000 Berliner Juden ins KZ Dachau deportiert.

BERLINS SUPERHIRN

Wer vor 100 Jahren in der Wissenschaft etwas gelten wollte, musste nach Berlin!

Als Einstein die Relativitätstheorie vorstellte, hieß es, dass nur zwölf Menschen auf der Welt überhaupt in der Lage wären, sie zu verstehen. Acht davon lebten in Berlin!

Einstein in Berlin
Einige Berliner Top-Wissenschaftler überredeten Einstein, nach Berlin zu kommen. Man bot ihm eine Professorenstelle an der Universität an und versprach, er müsse nicht unterrichten und würde genügend Zeit für seine Forschung haben. Albert Einstein kam 1914 und blieb 18 Jahre.

ALLES RELATIV

Einstein bewies schnell, dass er die Bemühungen wert war:

- 1915: Einstein präsentiert bei einem Vortrag Gleichungen, die Newtons Gravitationsgesetze infrage stellen.
- 1916: Einstein veröffentlicht die „Allgemeine Relativitätstheorie“.
- 1919: Expeditionen zur Beobachtung einer Sonnenfinsternis bestätigen Einsteins Theorie; das überzeugt viele Wissenschaftler.
- 1922: Einstein erhält den Nobelpreis für Physik.

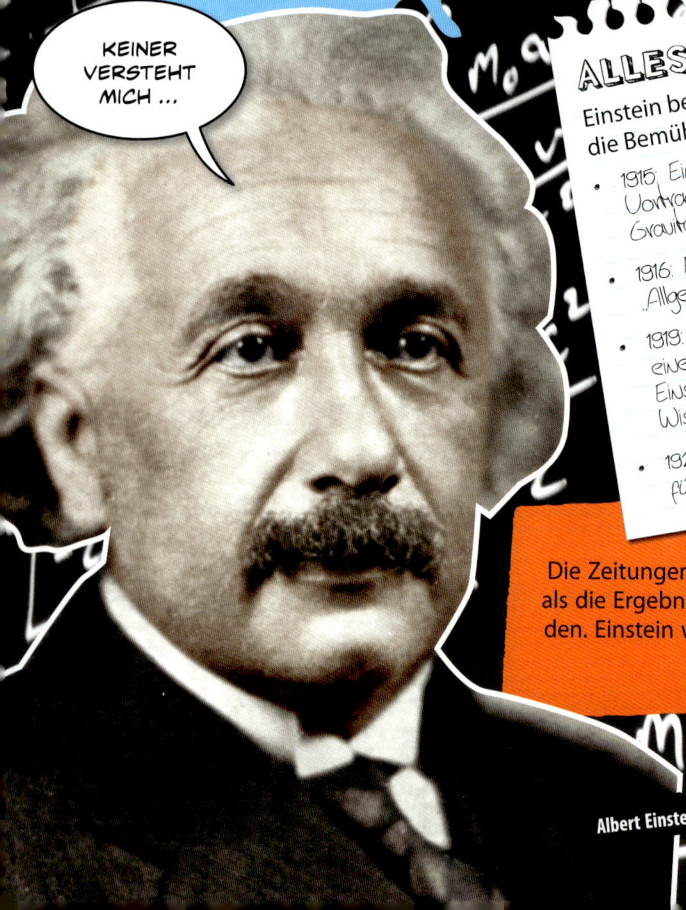

Albert Einstein

Internationaler Ruhm
Die Zeitungen in der ganzen Welt waren voll davon, als die Ergebnisse der Expeditionen bekannt wurden. Einstein wurde über Nacht zur großen Sensation.

Feinde an höchster Stelle

Nicht jeder mochte Einstein. Hitler hasste ihn, weil er für Weltfrieden eintrat – und natürlich, weil er Jude war. Die Nazis versuchten, seine „jüdische Wissenschaft" als Unsinn abzutun. Bei einer Anti-Einstein-Veranstaltung fand sich Einstein auf einem hinteren Platz ein und applaudierte höflich mit den Worten «höchst amüsant».

Das Ignorieren der „jüdischen Wissenschaft" hat vielleicht verhindert, dass die Nazis vor den Amerikanern eine Atombombe bauen konnten.

Vertrieben, aber nicht vergessen

Als Hitler 1933 an die Macht kam, verließ Einstein Berlin. Er kehrte nie wieder zurück, doch die Stadt hat ihn nicht vergessen. 2003 wurde er zu einem der „größten Deutschen" gewählt.

Einstein war nicht nur ein brillanter Wissenschaftler, er konnte auch sehr gut Geige spielen.

...nstein-Zitat am Kanzleramt: «Der Staat ist für die Menschen und nicht die Menschen für den Staat.»

Der 1921 in Potsdam errichtete Einsteinturm ist ein Observatorium mit Sonnenteleskop. Hier wollte man Einsteins Theorien weiter untermauern. Ursprünglich sollte der Turm ganz aus dem neuen Baustoff Beton gebaut werden, das war aber zu aufwendig, und so griff man zu Ziegel und Zementputz, um ihn fertigzustellen.

Einsteinturm in Potsdam

WAS NOCH?

Jede Menge Fakten über Albert ☆ www.einstein-website.de/inhaltkids.html

BERLINER UNTERWELT

Unter der Erde wartet in Berlin manch unheimliche Geschichte …

Bloß keine Panne!
Die Westberliner U-Bahn fuhr unter Ostberliner Stadtgebiet hindurch, hielt dort aber an keiner Station, mit Ausnahme des zum Grenzübergang ausgebauten Bahnhofs Friedrichstraße. Blieb ein Zug auf dieser Strecke liegen, mussten die Fahrgäste aussteigen und an den Gleisen entlang bis zum nächsten Bahnhof in Westberlin laufen.

Geisterbahnhöfe
Die Trennung zwischen Ost- und Westberlin setzte sich unter der Erde fort. Nach dem Mauerbau durchquerten weiterhin zwei U-Bahnen und eine S-Bahn-Linie den Ostberliner Untergrund und fuhren auf ihrem Weg durch menschenleere Bahnhöfe, deren Eingänge zugemauert worden waren.

Gesundbrunnen-Bunke

Vor den Geisterbahnhöfen verkündete eine Ansage: «Letzter Bahnhof in Westberlin.»

Schutz unter der Erde
Während des Zweiten Weltkriegs wurden in Berlin rund 1000 Schutzbunker eingerichet. Mehr als 300 davon gibt es noch, und sie sind gut erhalten. Der Bunker am Gesundbrunnen lag 8 Meter unter der Erde und konnte 2000 Menschen aufnehmen.

DRITTER WELTKRIEG?

Nach dem Zweiten Weltkrieg fürchteten viele, es könnte einen *Dritten* Weltkrieg geben – mit Atomwaffen. Die großen Nationen rüsteten sich zur Verteidigung, und es begann eine Zeit, die man „Kalter Krieg" nannte.

Bett in einem Atombunker

Betten im Bunker
Während des Kalten Krieges baute man in Berlin 30 unterirdische Atombunker zum Schutz vor radioaktiver Strahlung. Drinnen gab es Stockbetten, Lebensmittelläden, Küchen und Toiletten.

Die Vorräte hätten für zwei Wochen gereicht – bei einem Teller Suppe pro Person pro Tag!

Bunker-Bahnhof
Im Fall eines Atomangriffs hätten Stahltore alle Eingänge zum Bahnhof Pankstraße verriegelt und ihn in einen riesigen Schlafsaal verwandelt. Mehr als 3000 Menschen hätten darin Platz gefunden. Beim Einlass in den Bunker wären sie dekontaminiert (gereinigt) und in gelbe Einheitskleidung gesteckt worden.

Insgesamt gab es in den Berliner Bunkern Platz für 29 000 Menschen, das heißt, nur für einen Bruchteil der Bevölkerung.

WAS NOCH?

Berlins Geisterbahnhöfe ✩ www.youtube.com/watch?v=jSwbcCx8rfQ

EIN GROSSES ORCHESTER

Die Geschichte der Berliner Philharmoniker begann, als ein Dirigent von seinem Orchester verlangte, mit dem Zug in der vierten Klasse zu einem Auftritt zu fahren. 54 wütende Musiker revoltierten und gründeten ihr eigenes Orchester. Das war 1882 – heute gilt dieses Orchester manchen als das beste der Welt.

Zirkuszelt aus Beton
Das leuchtend gelbe Konzerthaus des Orchesters, die Philharmonie, wurde 1963 fertiggestellt. Architekt Hans Scharoun platzierte das Orchester in der Mitte und die Zuhörer ringsherum. Die zirkuszeltartige Decke darüber sorgt für eine fantastische Akustik.

Als Wilhelm Furtwängler 1928 ein neues Werk dirigierte, rasselten die Zuhörer mit ihren Schlüsseln, um zu zeigen, dass sie es hassten!

2008 brannte es in der Philharmonie. Die Musiker schnappten ihre kostbaren Instrumente und brachten sie schnell in Sicherheit!

Der große Saal der Philharmonie hat 2440 Plätze.

Zukunftsweisender Dirigent

In seiner über 130-jährigen Geschichte hatte das Orchester nur zehn Chefdirigenten. Herbert von Karajan leitete es ganze 35 Jahre lang! Er war technikbegeistert und spielte mit dem Orchester 1980 die weltweit ersten digitalen Aufnahmen klassischer Musik ein.

Herbert von Karajan

Herbert von Karajan gilt als der meistverkaufte Klassikkünstler seiner Zeit!

Auf der Höhe der Zeit

2002 übernahm der Brite Sir Simon Rattle den Taktstock des Chefdirigenten. Auch er denkt fortschrittlich und schuf die Digital Concert Hall, den digitalen Konzertsaal, wo man übers Internet live bei Konzerten dabei sein kann. 2011 wurde ein Konzert in 3-D gefilmt und in Kinos in der ganzen Welt gezeigt.

Sir Simon hat den Spitznamen „Feuerkopf".

2011 zählten die Berliner Philharmoniker 128 Mitglieder aus 21 Nationen.

Tanzen total

Sogar Reality-TV machen die Berliner Philharmoniker. „Rhythm Is It!" ist ein Film über 250 Berliner Kinder, die nie zuvor auf einer Bühne standen. Mit ihnen wurde in nur sechs Wochen eine Tanzchoreografie einstudiert und dann mit Orchester vor 2500 Zuschauern aufgeführt.

WAS NOCH?

Trailer zu „Rhythm Is It!" ☆ www.digitalconcerthall.com/de/konzert/101/maldoom

BERLINER SPIELE

Die Olympischen Spiele in Berlin 1936 sollten nach dem Willen von Adolf Hitler die größten und besten werden, die die Welt je gesehen hatte, doch beinahe hätten sie gar nicht stattgefunden.

Das Olympiastadion fasste 100 000 Zuschauer. Rund 4000 Athleten traten in 129 Wettbewerben an, und 3000 Journalisten berichteten darüber.

Eine Fackel geht von Olympia in Griechenland auf die Reise nach Berlin.

Aufruf zum Boykott
Berlin erhielt den Zuschlag als Ausrichtungsort der Spiele zwei Jahre bevor Hitler an die Macht kam. Als das Internationale Olympische Komitee von der Verfolgung der Juden in Deutschland erfuhr, drohten mehrere Länder mit Absage, nahmen schließlich aber doch teil.

Falsche Versprechungen
Hitler ließ in Berlin alle judenfeindlichen Schilder vorübergehend entfernen. Er garantierte, dass jüdische Athleten nicht aus dem deutschen Kader ausgeschlos-sen würden, und während der Spiele keine Propaganda für die Nazis zu machen. Doch nur eine einzige jüdische Sportlerin trat tatsächlich für Deutschland an –und überall in der Stadt wehten Hakenkreuzfahnen.

Die Jüdin Helene Mayer konnte für Deutschland starten, aber nur, weil sie zwei nicht-jüdische Großeltern hatte. Helene gewann eine Silbermedaille im Fechten.

Helene Mayer

Nazi-Wahnsinn
Hitler hatte rassistische Vorstellungen. Er glaubte, dass blonde, blauäugige Menschen leistungsfähiger seien als alle anderen. Diese Überlegenheit sollten die Spiele der Welt beweisen. Zwar gewannen die deutschen Athleten die meisten Medaillen, dummerweise gab es jedoch auch ein paar Überraschungen für Hitler.

Dämpfer für Hitler
Zu Hitlers Entsetzen gewann der Afroamerikaner Jesse Owens viermal Gold und war der Publikumsliebling der Spiele. Beim Weitsprung gab ihm der Deutsche Meister Luz Long hilfreiche Tipps. Jesse gewann, Luz wurde Zweiter und gratulierte ihm mit einer Umarmung … **Schock!**

Luz und Jesse verstanden sich super.

Auf Goldkurs
Jesse gewann vier Goldmedaillen: Er lief 100 m in 10,3 Sekunden, 200 m in 20,7 Sekunden, 4x100 m mit der Staffel in 39,8 Sekunden und siegte im Weitsprung mit 8,06 m.

Trotz Hitlers Irrsinn waren die Spiele von 1936 ein Sportspektakel der Superlative. Zum ersten Mal …

- ✓ fand ein Fackellauf statt – 3000 km von Olympia nach Berlin.
- ✓ war das Fernsehen dabei. Die Berliner konnten die Wettkämpfe in Fernsehstuben kostenlos verfolgen.
- ✓ wurden Filmberichte in andere europäische Städte geschickt – per Luftschiff!
- ✓ wurde ein spannungsreich geschnittener und vertonter Dokumentarfilm gedreht.

Einige halten Leni Riefenstahls Film über die Olympischen Spiele in Berlin bis heute für die beste Sportdokumentation aller Zeiten.

WAS NOCH?

Filmaufnahmen ☆ www.dhm.de/medien/lemo/videos/olympia

ICH BIN (K)EIN BERLINER

1963, zwei Jahre nach dem Mauerbau, fühlten die Westberliner sich vom Rest der westlichen Welt abgeschnitten. Da kam US-Präsident John F. Kennedy in die Stadt. Er blieb nur acht Stunden, aber sein Besuch ging in die Geschichte ein.

Ein Stapel Doughnuts

KEIN SCHERZ

Dreiviertel aller Westberliner kamen, um den Präsidenten zu sehen. Sie hofften, er könnte helfen, die Mauer zu Fall zu bringen. Ein Satz aus seiner Rede ist bis heute unvergessen. Er sagte: «Ich bin ein Berliner.» Da mit „Berliner" auch ein Gebäck gleichen Namens gemeint sein kann, machte die Geschichte die Runde, dass der Präsident sich als solches bezeichnet hätte!

John F. Kennedy

Wer zuletzt lacht ...
Aber lachte die Menschenmenge, als der Präsident sprach? Nein! Am Ende seiner Rede jubelte sie ihm zu und klatschte 20 Minuten lang.

Gut zu wissen

In Berlin heißen Berliner allerdings „Pfannkuchen". Es gibt sie mit verschiedenen Füllungen, wie Pflaumenmus, Erdbeermarmelade oder Schokoladencreme. Äußerlich unterscheiden sie sich durch das, was oben drauf ist: Zucker, Zuckerguss oder Puderzucker. Lecker!

Quatsch mit Soße

Traditionell werden Pfannkuchen am Silvesterabend und zur Karnevalszeit gegessen. Dann bekommt man auch Scherzpfannkuchen. Man kauft mehrere Pfannkuchen, von denen einer Senf enthält. Aber welcher bloß?

Vom Himmel hoch ...

Kennedys Besuch fiel auf den Jahrestag der Berliner Luftbrücke, die am 26. Juni 1948 begann. Weil die Sowjets die Transportwege blockierten, versorgten Franzosen, Briten und US-Amerikaner die Westberliner ein Jahr lang aus der Luft. Einige Piloten der „Rosinenbomber" warfen auch Päckchen an kleinen Fallschirmen mit Süßigkeiten für die Kinder ab.

WAS NOCH?

Die Schlusssätze von Kennedys Rede ☆ www.youtube.com/watch?v=_Pjn5E6yOKo

Ab 1307 verband eine Brücke Berlin (links) und Cölln (rechts). Diese Zeichnung ist aus dem 16. Jahrhundert.

SKELETTE UNTERM PARKPLATZ

Berlin ist rund 775 Jahre alt. Damals entstanden zwei kleine Siedlungen beiderseits der Spree. Fast alle Urkunden aus der Zeit verbrannten später, deshalb sind für die Historiker viele Fragen offen.

Nette Nachbarn?
Lange waren das größere Berlin und das kleinere Cölln zwei Städte, die nur über eine Brücke miteinander verbunden waren. Das Verhältnis zwischen ihnen war nicht immer gut! Als Cölln in Flammen aufging, eilte niemand aus Berlin zu Hilfe. Und als die Pest Cölln heimsuchte, sperrten die Berliner die Brücke und riegelten sich ab, was ihnen allerdings nichts nutzte.

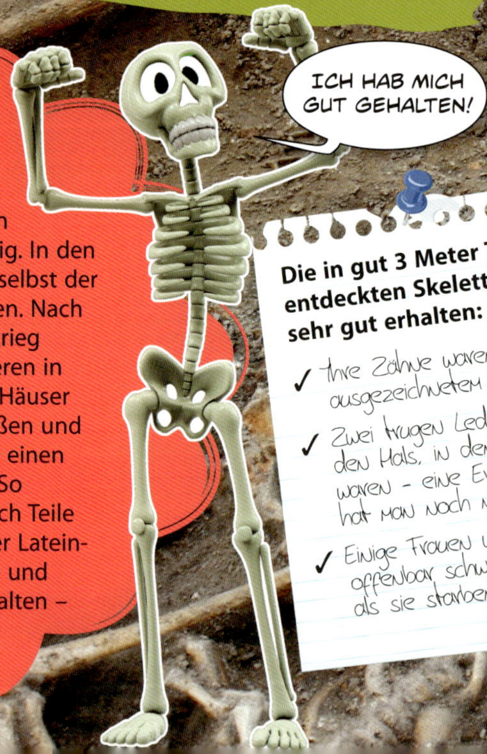

Perfekt konserviert
Anfang des 20. Jahrhunderts war vom alten Cölln nicht mehr viel übrig. In den 1920er Jahren war selbst der Name verschwunden. Nach dem Zweiten Weltkrieg ließen die Stadtoberen in Ostberlin die alten Häuser am Petriplatz abreißen und auf den Überresten einen Parkplatz anlegen. So blieben unabsichtlich Teile des Rathauses, einer Lateinschule, einer Kirche und eines Friedhofs erhalten – mitsamt beinahe 4000 Skeletten!

Die in gut 3 Meter Tiefe entdeckten Skelette waren sehr gut erhalten:

- ✓ Ihre Zähne waren in ausgezeichnetem Zustand.
- ✓ Zwei trugen Lederbeutel um den Hals, in denen Seeigel waren – eine Erklärung dafür hat man noch nicht.
- ✓ Einige Frauen waren offenbar schwanger, als sie starben.

Seeigel

Mittelalterlicher Krug

Außerdem wurden 220 000 Objekte wie Schmuck, Münzen, Keramiken, Vasen und Tierknochen ausgegraben.

Spielstein aus dem 13. Jh.

Viele Unbekannte
Auch wenn die Toten unbekannt bleiben, finden Archäologen vielleicht heraus:

- ✓ ob Cölln schon vor Berlin gegründet wurde
- ✓ an welchen Krankheiten die Einwohner starben
- ✓ warum einige von ihnen offenbar verhungert sind
- ✓ warum die Toten mit weit geöffnetem Mund begraben wurden

Die ältesten Skelette stammen aus dem 13. Jahrhundert Die letzten Toten wurden im Jahr 1717 begraben.

Ausgrabung der Hauptstraße des mittelalterlichen Cöllns

WAS NOCH?

Die Archäologen gehen davon aus, dass die Cöllner vom Holzhandel lebten.

Die Erfindung der Rohrpost Mitte des 19. Jahrhunderts war nicht weniger revolutionär als die des Internets im 20. Jahrhundert. Das erste funktionstüchtige System ging in den 1850er Jahren in Betrieb.

AB DIE POST!

Ruckizucki
Briefe, Postkarten und sogar kleine Päckchen wurden in eine luftdichte Kapsel gesteckt. Die sauste dann mittels Druckluft durch eine unterirdische Röhre und erreichte im Nu ihr Ziel.

Im Aufwind
Im 19. Jahrhundert wuchs Berlin sehr stark. Eine Zeit lang war die städtische Rohrpost die größte und schnellste Fernrohrpostanlage der Welt.

ZAHLEN & FAKTEN

- ✓ Die Rohrpost war rund um die Uhr in Betrieb.
- ✓ 1940 umfasste das Netz 400 km und 90 Stationen.
- ✓ Bis zu 8 Millionen Sendungen pro Jahr wurden mit bis zu 40 km/h ans Ziel befördert!

In den 1860er Jahren war die Rohrpost schneller als der Postwagen. In Berlin war sie rund 100 Jahre in Betrieb.

Gut vernetzt
Ende des 19. Jahrhunderts war unter den Straßen von Berlin einiges los. Als ein neues Abwassersystem gebaut wurde, war das die Gelegenheit, gleich auch neue Rohrpostbahnen auf diesen Strecken zu verlegen, sodass sich das Netz rasch ausdehnte.

Die Rohrpost, manchmal als „kleine U-Bahn" bezeichnet, nahm 37 Jahre, bevor der erste Berliner U-Bahnhof eröffnet wurde, ihren Dienst auf.

Kontaktbörse
In einem Berliner Nachtklub konnte man jemandem, der einem gefiel, eine Nachricht per Rohrpost schicken. Einige Krankenhäuser nutzen heute noch Rohrpostsysteme – aber nicht mehr für einsame Herzen.

Die Berliner Rohrpostanlage wurde von der Firma Siemens & Halske gebaut. Das Unternehmen entwickelte auch das Telefon und andere Kommunikationssysteme, die die Rohrpost schließlich verdrängten.

Schicht im Schacht
Im Zweiten Weltkrieg wurden die Rohre stark beschädigt. Man begann mit Reparaturen, aber 1949 kappten die Russen die Verbindungen in der geteilten Stadt. Ende der 1970er Jahre hatte die Rohrpost ausgedient.

WAS NOCH?

Schau dir das Rohrpostsystem in Aktion an! ☆ www.mfk-berlin.de/die-rohrpost

NOFRETETE

Sie ist rund 3400 Jahre alt, hat keine Haare und nur ein Auge, trotzdem zieht Königin Nofretete Scharen von Menschen an.

Sammelwahn
Im 19. Jahrhundert sammelten Museen in London und Paris haufenweise Schätze des Altertums. Berlin wollte nicht dahinter zurückstehen. Deutsche Archäologen trafen eine Vereinbarung mit den ägyptischen Behörden und verschifften wertvolle Fundstücke, die sie ausgegraben hatten, in ihre Heimat.

Die bunte Königin
1912 machte der Berliner Archäologe Ludwig Borchardt eine fantastische Entdeckung – die wunderschöne und kaum beschädigte Büste einer ägyptischen Königin. Sie war noch immer bunt bemalt, obwohl sie jahrtausendelang vergraben war.

Für das fehlende Auge (das vermutlich nie existierte) wurde damals ein Finderlohn von heute etwa 400 Euro ausgesetzt.

Die Enthüllung
Die Nofretete wurde zusammen mit Tausenden anderen Schätzen nach Berlin gebracht. Als die Briten 1922 Tutenchamuns Grab entdeckten, setzte weltweit eine Ägypten-Begeisterung ein. Da erst beschloss Berlin, die Nofretete öffentlich zu zeigen. Die ägyptischen Behörden klagten, dass die Büste ihr Land nie hätte verlassen dürfen.

Hitler sagte Nein
1933 waren die Nazis kurz davor, die Nofretete an Ägypten zurückzugeben. Als Hitler von dem Plan erfuhr, verhinderte er die Rückgabe und versprach, der Nofretete ein eigenes Museum in Berlin zu bauen.

EVAKUIERUNG

Bis zum Beginn des Zweiten Weltkriegs war die Nofretete im Neuen Museum in Berlin ausgestellt. Man lagerte sie zur Sicherheit zunächst in einem Kellertresor, dann in einem Bunker und schließlich in einem Salzbergwerk ein. Nach dem Krieg war das Neue Museum stark beschädigt. Erst 2009, nach der Wiedereröffnung, kehrte die Nofretete dorthin zurück.

Die Büste der Königin Nofretete soll derzeit für 300 Millionen Euro versichert sein.

Einzelzimmer
Im Neuen Museum hat die Nofretete einen eigenen Saal. Sie zieht große Besuchermengen an – derweil streiten Berlin und Ägypten noch immer darüber, ob das Kunstwerk überhaupt nach Berlin gehört.

Königin Duckfretete, eine witzige Skulptur aus der Duckomenta-Ausstellung, war bei der Wiedereröffnung des Neuen Museums dabei.

Das Neue Museum

Rund **500 000** Menschen im Jahr besuchen die Nofretete.

WAS NOCH?
Die Nofretete in Nahaufnahme ✫ www.youtube.com/watch?v=GUnNJY7GEag

Wer hätte gedacht, dass die gefährlichste Waffe der Welt in einem Berliner Institut im grünen Bezirk Dahlem entwickelt wurde?

BOMBIG

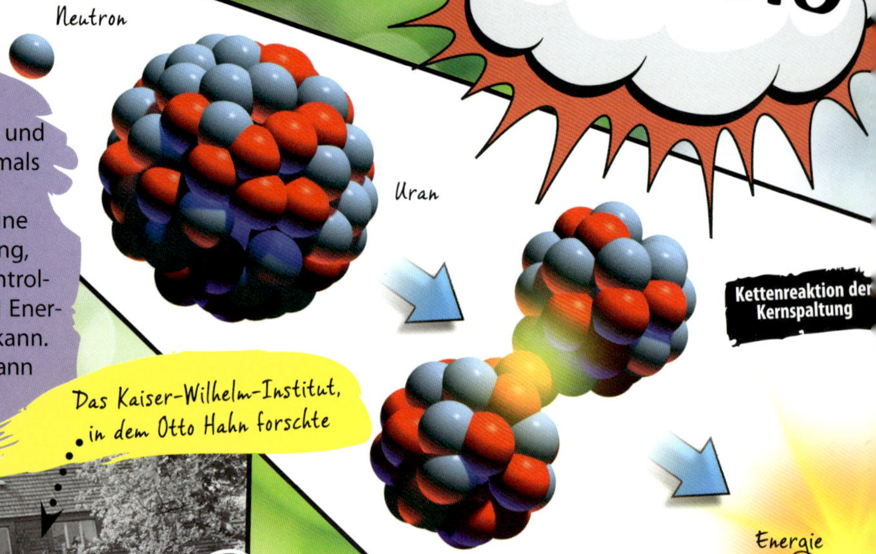

Kettenreaktion
1938 spalteten die Chemiker Otto Hahn und Fritz Straßmann erstmals Uran-Atomkerne. Die Kernspaltung setzt eine Kettenreaktion in Gang, mit der, wenn sie kontrolliert abläuft, sehr viel Energie erzeugt werden kann. Doch unkontrolliert kann sie eine verheerende Explosion auslösen.

Das Kaiser-Wilhelm-Institut, in dem Otto Hahn forschte

Nennen wir es …
Hahns Mitarbeiterin Lise Meitner und ihr Neffe Otto Frisch fanden die physikalische Erklärung und nannten die Entdeckung „Kernspaltung".

Otto Hahn

Wer ist schneller?
Die Neuigkeit verbreitete sich im Nu. Die USA und die Sowjetunion fürchteten, Deutschland könnte eine Atombombe entwickeln. Deshalb trieben sie die eigene Atomforschung voran. Die USA setzten Tausende Wissenschaftler an das „Manhattan-Projekt". Sowjetische Geologen suchten fieberhaft Uran.

Widerstand
Die Nazis wollten tatsächlich Atomwaffen herstellen. Aber da Otto Hahn, der Hitler verachtete, nicht zur Zusammenarbeit bereit war, kamen sie nicht weit.

WETTLAUF UM WISSEN

Bei Kriegsende wollten die USA und die Sowjetunion an die wissenschaftlichen Erkenntnisse der Deutschen herankommen. Sie holten so viele deutsche Wissenschaftler wie möglich. Das Kaiser-Wilhelm-Institut kam in die Hände der Russen. Aber zu der Zeit war Otto Hahn längst weg.

Nach dem Zweiten Weltkrieg holten die USA über 700 deutsche Wissenschaftler ins Land. Diese halfen, Tarnkappenbomber und Marschflugkörper zu entwickeln und den ersten Menschen auf den Mond zu bringen.

Was für ein Schlag!
Otto Hahn wurde bei Kriegsende von den Briten verhaftet und zusammen mit anderen deutschen Physikern auf einem englischen Landsitz interniert, um ihre Gespräche abzuhören. Als sie dort erfuhren, dass die Amerikaner zwei Atombomben auf Japan abgeworfen hatten, war Hahn am Boden zerstört.

Nobler Nobelpreisträger
Otto Hahn erhielt den Nobelpreis für Chemie. In seiner Dankesrede betonte er, dass seine Entdeckung dazu dienen sollte, das Leben zu verbessern, nicht dazu, es zu vernichten.

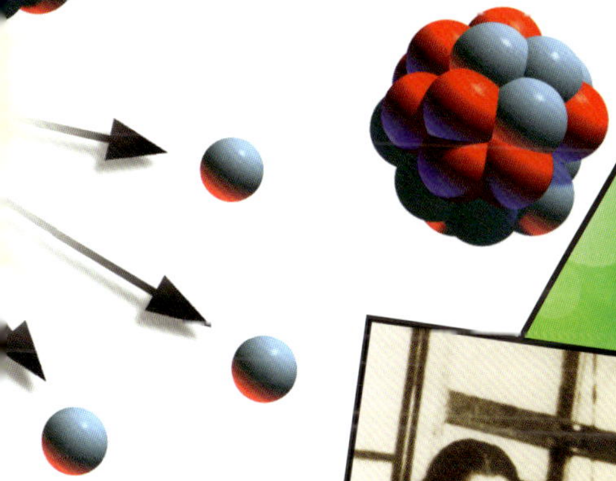

Otto Hahn kehrte 1946 nach Berlin zurück.

Otto Hahn und Lise Meitner 1913 in Hahns Labor. Manche meinen, der Nobelpreis hätte an beide gehen müssen.

WAS NOCH?

So funktioniert's ☆ www.planet-schule.de/sf/spezial/spezial_kernkraft.php

ÖKO-SCHICK

Die Berliner Fashion Week ist nicht so groß wie die Modemessen in Mailand, Paris oder London, aber dafür ist sie führend auf dem Gebiet der Öko-Mode.

NACHGEFRAGT!

Hast du je über das T-Shirt, das du anhast, nachgedacht? Wer es hergestellt hat? Woraus es gemacht wurde? Ob Pestizide in der Baumwolle sind? Was damit passiert, wenn es dir nicht mehr passt?

Einige Berliner Modefirmen haben über diese Fragen nachgedacht. Ein Berliner Designer macht aus ausrangierter Arbeitskleidung schicke Hosen oder Jacken. Andere haben völlig neue Materialien entdeckt.

Alles im grünen Bereich

Die Kleidung von Umasan sieht auf dem Laufsteg klasse aus – man würde nie vermuten, dass sie vegan ist. Das bedeutet, dass sie kein Leder, keine Wolle und auch keine an Tieren getesteten Materialien enthält. Stattdessen werden die Stoffe aus Eukalyptus, Bambus oder Algen gemacht.

Vegane Mode soll besonders hautverträglich sein.

Rettet die Raupen!
Die Firma ICA Watermelon produziert Kleidung aus Bio-Seide. Dafür verwendet sie nur umweltschonende Chemikalien und schont sogar die Seidenraupen. Gewöhnlich werden die durch Abkochen in ihren Kokons getötet, um an die Seide zu kommen. Doch die ICA-Seide wird erst nach dem Schlüpfen der Falter geerntet.

Seidenraupenkokons

PUUH, DAS WAR KNAPP!

Seidenspinner

HMM, SIND DIE AUS RECYCELTEM BONBONPAPIER?

Bei der Berliner Fashion Week stellen sich rund 50 Öko-Modelabels aus 15 Ländern vor. Es gibt eigene Shows speziell für umweltfreundliche Mode.

Öko-Modenschau, Berlin Fashion Week

ÄRMELLOS STEHT MIR.

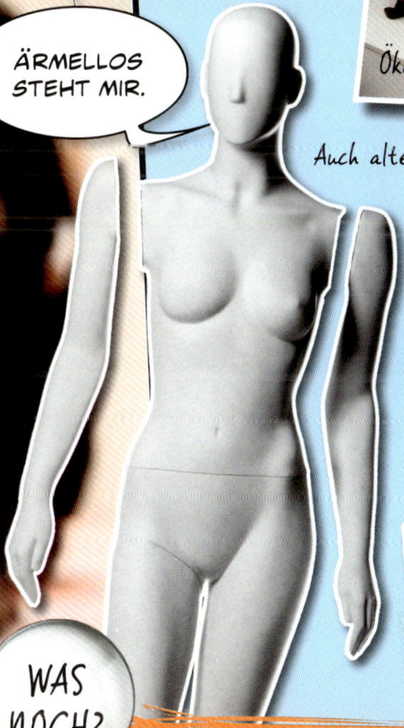

Auch alte Schaufensterpuppen werden in Berlin recycelt. Eine Firma ist darauf spezialisiert, sie zu reparieren bzw. zu modernisieren.

Gettoblaster aus Pappe

BERLINS GRÜNE SZENE

Nicht nur in Sachen Mode ist Berlin ein umweltbewusstes Pflaster:

- ✓ Die Berliner sind eifrige Radfahrer, einige gehen mit Bambusfahrrädern an den Start.
- ✓ Die Berlin Boombox ist eine Stereoanlage aus recycelter Pappe zum Selberbauen. Einfach den MP3-Player oder das Smartphone anschließen, und die Musik spielt.
- ✓ Das Rollfeld des stillgelegten Flughafens Tempelhof ist eine riesige grüne Fläche mitten in der Stadt. In dem alten Flughafengebäude findet die Berlin Fashion Week statt.

WAS NOCH?

Sieh dir eine Öko-Modenschau an! ✩ www.fashion-week-berlin.com/en/videos

In den 1980er Jahren wurden Westberliner mit Rockmusik aus der ganzen Welt groß. Im Osten dagegen war Rock 'n' Roll offiziell verpönt. Das hielt die Menschen aber nicht davon ab, Rock zu hören …

DER BOSS BRACHTE DIE MAUER ZUM WACKELN

Abschirmdienst
Bei einem David-Bowie-Konzert vor dem Reichstag 1987 waren die Lautsprecher auf die Mauer gerichtet. Aber Ostberliner, die auf der anderen Seite zuhören wollten, wurden von der Polizei vertrieben.

BERLIN ROCKT!

Als sich die Vorzeichen eines Umbruchs in der DDR mehrten, meinte die Regierung, sie könnte die Jugend mit einem Rockkonzert für sich gewinnen. Deshalb tat sie 1988 etwas Unglaubliches … sie lud den amerikanischen Rocksänger Bruce Springsteen ein! Springsteen schien die ideale Wahl: Er stammte aus einer Arbeiterfamilie, nahm in seinen Songs eine kritische Haltung gegenüber den USA ein und war obendrein bereit, umsonst aufzutreten.

Hier spielt die Musik
Rund 300 000 Ostdeutsche drängten sich auf einem Gelände, das so groß war wie 50 Fußballfelder. Viele kamen ohne Eintrittskarte. Der Sound war schlecht, Zuschauer fielen in Ohnmacht, und die Sicherheitskräfte kapitulierten, aber Bruce legte den größten Auftritt seines Lebens hin.

Lang und laut
Der Boss war vier Stunden auf der Bühne und sang 32 Lieder. Als er auf Deutsch zur Menge sprach, brach ein ohrenbetäubender Jubel aus!

Nicht nach Plan
Der Plan der DDR-Regierung ging nicht auf. Durch das Konzert begriff die Jugend, dass ein Wandel möglich war. Ein Journalist bezeichnete Bruces Auftritt als das politisch bedeutendste Rockkonzert aller Zeiten! Es war Teil einer Kette von Ereignissen, die zum Fall der Mauer führten.

Bruce rührte die Zuhörer mit den Worten: «Ich bin gekommen, um Rock 'n' Roll für euch zu spielen, in der Hoffnung, dass eines Tages alle Barrieren abgerissen werden.»

Zur Zeit des Mauerfalls war das Lied „Looking for Freedom" von David Hasselhoff für acht Wochen auf Platz eins der westdeutschen Charts. Heute halten es viele für einen der schlechtesten Songs aller Zeiten!

Armer Udo!
Der westdeutsche Rocksänger Udo Lindenberg bemühte sich jahrelang um einen Auftritt in Ostberlin. Er sang sogar darüber. 1983 bekam er unerwartet die Genehmigung. Doch während seine Fans draußen durchdrehten, musste Udo seine Lieder vor einem ausgesuchten, ungerührten Publikum spielen.

WAS NOCH?

„Der Boss" spricht Deutsch ✯ www.youtube.com/watch?v=WBIcfPBVxxQ

FANTASTISCHE FLUGAPPARATE

Dass den Brüdern Wright der erste Flug in einem Motorflugzeug gelang, ist bekannt. Doch ohne die Experimente von Otto Lilienthal (1848–1896) wären die beiden vielleicht nie so weit gekommen.

Vogelbeobachtung
Otto und sein Bruder Gustav träumten vom Fliegen. Noch als Schüler bauten sie ihren ersten Flugapparat, mit Flügeln zum Umschnallen. Er funktionierte nicht, aber ihre Neugier war geweckt. Sie studierten Störche, um herauszufinden, wie Vögel fliegen, und dachten sich Experimente aus, die Otto 1889 in einem Buch veröffentlichte.

Otto Lilienthal

1891 flog Lilienthal das erste bemannte Fluggerät und kam 24 Meter weit.

Handarbeit
Die Brüder Lilienthal bauten Gleiter (Apparate, die ohne Motor fliegen können). Sie benutzten Weidenholz und Baumwollstoff, die sie mit Schnüren, Klebstoff, Draht und Leder zusammenhielten.

Jedes Modell war eine Fortentwicklung des Vorgängers, auch dieses mit Schlagflügeln.

Fliegeberg
In Berlin gibt es kaum Hügel, deshalb baute sich Lilienthal einen. Sein „Fliegeberg" war 15 Meter hoch und lief kegelförmig zu, sodass Otto egal, woher der Wind wehte, in alle Richtungen abspringen konnte. Genial!

Luftbilder
Otto lud Fotografen ein, ihn zu fotografieren, während er flog. Die Bilder verblüfften die ganze Welt. Bisher schien es unmöglich, dass der Mensch fliegen könnte, doch nun glaubte man daran.

Bruchlandung
Nachdem Lilienthal neun verschiedene Gleiter gebaut und viele weitere entworfen hatte, stürzte er 1896 bei einem Testflug ab und erlag seinen Verletzungen. Die Nachricht von seinem Tod schockte die Welt. Aber die Brüder Wright konnten seine Erkenntnisse nutzen und erfanden ihren eigenen Flugapparat.

5 Stunden
hielt sich Otto auf 2000 Flügen insgesamt in der Luft – wahrscheinlich die wichtigsten fünf Stunden in der Geschichte des Fliegens!

Otto-Lilienthal-Denkmal

Der Berliner Flughafen Otto Lilienthal in Tegel schließt bald. Aber ein Denkmal in Berlin-Steglitz erinnert noch an den großen Flugpionier.

WAS NOCH?
Das Otto Lilienthal Museum ☆ www.lilienthal-museum.de/olma

ZERSTÖRTER KIRCHTURM

Die Kaiser-Wilhelm-Gedächtniskirche wurde im Zweiten Weltkrieg von Bomben getroffen. Nach dem Krieg wurde der Kirchturm bewusst als Ruine belassen. Doch 2007 drohte er zu verfallen.

Kaiser-Wilhelm-Gedächtniskirche, 1908

Rettungsaktion
Witterung und Abgase hatte dem Turm im Lauf der Jahre stark zugesetzt. Steine drohten herabzufallen. Der Brite Charles Jeffrey Gray, der im Krieg als Bomberpilot Angriffe auf Berlin geflogen war, fand es wichtig, die Turmruine als Antikriegs-Mahnmal zu erhalten. Er brachte eine Spendenaktion ins Rollen.

Die Kirche nach 1943

Zur Erinnerung an den Opa
Die erste Kaiser-Wilhelm-Gedächtniskirche hatte fünf Türme und 2000 Sitzplätze. Wilhelm II. ließ sie 1895 zum Gedenken an seinen Großvater Wilhelm I. erbauen. Die Kirche enthielt prächtige Mosaiken und Fresken – nur das Beste war gerade gut genug. Die Berliner mochten die Kirche nicht besonders. Manchen gefiel sie nach dem Bombenangriff 1943 sogar besser.

Im Innern sind alte Mosaiken zu sehen.

Nicht mit uns!
In den 1950er Jahren gab es Pläne, die Überreste abzureißen und eine neue Kirche zu errichten, aber die Berliner waren dagegen. Der Neubau steht nun Seite an Seite mit dem alten Turm.

JETZT

Der neue Turm ist sechseckig.

Der alte Turm von 1895 war 113 m hoch. Nach dem Bombenangriff 1943 war er auf 71 m geschrumpft. Der neue Turm ist mit 53,5 m noch etwas niedriger.

Blaues Wunder
Die Wände der Kirche aus den 1960er Jahren bestehen aus Beton und mehr als 20 000 Glasfenstern. Das Innere ist ganz in blaues Licht getaucht. Eine goldene Christus-Figur hängt über dem Altar. Die Orgel mit über 5000 Pfeifen ist in die Architektur integriert. Einige Berliner mögen auch die neue Kirche nicht.

GANZ SCHÖN BLAU, DER BAU.

Das Kirchenschiff ist achteckig.

Die Berliner nennen den alten Turm „hohlen Zahn" und den Neubau „Lippenstift und Puderdose". Warum wohl?

Langsam, aber sicher
Nach Grays Aufruf gingen weitere Spenden ein, und die Sanierung konnte beginnen.

Das Kreuz aus drei Nägeln aus der von Deutschen zerbombten Kathedrale von Coventry in England ist ein Symbol des Versöhnung.

WAS NOCH?

Erfahre mehr! ✭ www.gedaechtniskirche-berlin.de/KWG/index.php

EISERN UNION

Der 1. FC Union Berlin ist vielleicht nicht der erfolgreichste Fußballverein in Berlin, aber er hat ganz sicher die treuesten Fans.

Geübter Verlierer
Als Berlin geteilt war, verloren die Rot-Weißen weit mehr Spiele, als sie gewannen. Nach dem Mauerfall sah die Bilanz zunächst nicht viel besser aus …

Weihnachen mit Kerze – ansonsten stehen die Fans im Stadion unter Strom.

Musik in Unions Ohren
Enttäuscht von einer schlechten Saison, versammelte sich Weihnachten 2003 ein Häuflein von 89 Union-Anhängern im Stadion, um Weihnachtslieder zu singen und einander aufzumuntern. Daraus wurde eine Tradition: Im Jahr 2013, zehn Jahre später, kamen mehr als 27 500 Fans zu dem Ereignis!

Fan Nina
Die Ostberliner Punksängerin Nina Hagen ist ein großer Union-Fan. Sie nahm die Vereinshymne „Eisern Union" auf. Die Fans singen das Lied vor jedem Spiel.

Nina Hagen

Eisern ehrlich
Zu DDR-Zeiten war der BFC Dynamo der größte Ostberliner Fußballklub und Konkurrent des FC Union. Dynamo war der Lieblingsverein von Stasi-Chef Erich Mielke und bekannt dafür, sich nach oben zu schummeln. Der FC Union war ein unabhängiger Verein, und das war für viele Ostberliner mehr wert als alle Siege.

FLEISSIGE FANS

Der 1. FC Union musste mehrfach um seine Existenz bangen, aber die Fans waren immer da, um zu helfen:

- 2004 war der Verein beinahe pleite. Die Fans starteten die Kampagne „Bluten für Union“: Sie spendeten Blut und ließen das Geld dem Verein zukommen.
- 2008 fehlte das Geld für die notwendige Modernisierung des Stadions. 2400 Fans schufteten unentgeltlich 300 Tage bzw. 140 000 Arbeitsstunden.

Fans rücken an, um beim Umbau des Stadions zu helfen.

AUFWÄRTS

Seit der Wiedervereinigung geht es mit dem FC Union langsam bergauf. 2001 schaffte er den Aufstieg in die 2. Bundesliga.

WAS NOCH?

Hör Nina und die Fans singen! ✭ www.youtube.com/watch?v=_wsKfROlvsw

REGISTER

FÜR ELTERN VERBOTEN!

BERLIN

Der cool verrückte Reiseführer

Deutsche Ausgabe veröffentlicht von National Geographic Deutschland (NG Malik Buchgesellschaft mbH), Hamburg 2014

Conceived by Weldon Owen in partnership with Lonely Planet
Produced by Weldon Owen

Produktion der deutschen Ausgabe:
Bintang Buchservice GmbH, www.bintang-berlin.de
Übersetzung: Katharina Grimm, Thomas Rach, Jessika Zollickhofer
Lektorat: Julia Niehaus

Umschlaggestaltung:
www.anjagrimmgestaltung.de (Gestaltung)
www.stephanengelke.de (Beratung)

Bildnachweis

Abkürzungen o=oben; lo=links oben; om=oben Mitte; ro=rechts oben; lm=linke Mitte; m=Mitte; rm=rechte Mitte; u=unten; lu=links unten; um=unten Mitte; ru=rechts unten.

Alle Fotos © Shutterstock außer:

2ru, 2lu, 2um, 9rm, 10lu, 11lm, 11um, 12-13m, 12lu, 12m, 12um, 16ru ,17r, 20ru, 21lm, 21ro, 23lu, 24ru, 24lu, 24-25m, 25lo, 25m, 27om, 29lu, 31lu, 33ro, 33rm, 34rm, 35ru, 36ro, 37om, 37ro, 38um, 39lu, 39ru, 40m, 40-41m, 42-43m, 43m, 43lo, 44lo, 45rm, 45ro, 46lu, 46ru, 47rm, 47ru, 51ru, 52ru, 53ru, 55lo, 56m, 56um, 57lu, 58lm, 58-59m, 59rm, 60lu, 62ru, 62lu, 62-63m, 63lm, 63lo, 64rm, 65ru, 66lu, 68ru, 68-69m, 69ru, 70lm, 70-71m, 71ru, 71m, 72-72m, 74m, 74um, 75rm, 76lo, 76-77m, 78ro, 78lu, 79ro, 81lu, 82lm, 83ru, 85rm, 86rm, 87rm, 89ru, 91ru, 92ru, 93m, 95um **Alamy**; 85um mit freundlicher Genehmigung von **Berlin Boombox/Axel Pfaender**; 6ru, 13lo, 13om, 15lo, 23um, 23ru, 25ro, 38rm, 41lu, 42rm, 44lu, 50lu, 51rm, 55ro, 61rm, 63ru, 67ru, 77ro, 77ru, 77lo, 87um, 90rm, 92lm, **Corbis**; 3ru, 8lo, 10-11m, 15lm, 26lm, 28lu, 29om, 31ro, 32lm, 34lu, 36um, 42ru, 46-47m, 48rm, 49ro, 51rum, 53ro, 61m, 60-61m, 60lm, 60ru, 64-65m, 67m, 67rm, 71ro, 73ru, 72om, 72ru, 73m, 73rm, 75u, 79lm, 81lm, 82um, 84ru, 88m, 88ru, 89lo, 93ru, 92-93m **Getty Images**; 6lu, 23rm, 32-33m, 60um **Rex Features**.

Umschlagillustrationen, 4-5 **Chris Corr**

Alle übrigen Illustrationen und Karten © 2014 Weldon Owen Publishing

Herstellung:
G+J Druckzentrale
Heiko Belitz (Ltg.), Thomas Oehmke

Druck: 1010 Printing Int Ltd

ISBN 978-3-86690-407-1

Printed in China